공부머리 좋아지는 수학 퍼즐 1

임용식 지음

이지북
EZbook

신기하고 재미있는
수학 퍼즐의 세계로 떠나요

우리 주변에는 수학과 관련된 것들이 아주 많아요. 길가에 구르는 돌멩이도, 맛있는 피자도 수학으로 설명할 수 있답니다. 이처럼 수학은 우리 생활과 밀접한 관계가 있지요.

수학이 어렵고 지루하다고 생각하세요? 그렇다면 걱정하지 마세요. 바로 이 책이 여러분의 고민을 말끔히 없애 줄 거예요. 재미있는 퍼즐 놀이로 즐겁게 수학 공부를 할 수 있으니까요. 이 책은 쉬운 퍼즐과 퀴즈부터 시작하여 조금씩 더 어려운 퍼즐과 퀴즈를 풀 수 있도록 되어 있어요. 처음부터 하나하나 풀어 나가다 보면 전혀 어렵지 않아요. 오히려 너무 재미있어서 자꾸 퍼즐을 풀고 싶어진답니다.

책을 펼쳐 보세요. 귀여운 캐릭터에 눈길이 자꾸 가지요? 그러면 이번에는 퍼즐을 풀어 보세요. 아주 쉬울 거예요. 이제 페이지를 넘겨 보세요. 약간 어려운가요? 걱정하지 마세요. 차례대로 풀어 왔다면 쉽게 풀어 나갈 수 있을 거예요. 모르는 문제가 있다고 해도 괜찮아요. 재미있어 보이는 문제부터 풀어도 됩니다. 이 책에 나오는 수학 퍼즐과 융합 사고력 퀴즈 120개는 우리 주변에서 일어날 수 있는 일들을 소재로 만든 퀴즈들이에요.

그리고 문제 중간 중간에 삽입된 '교과서 따라잡기'를 통해 '2015 개정 수학 교육과정'을 설명했습니다. 퍼즐 문제를 풀면서 교과서 안의 연산이나 도형 개념이 좀 더 이해되도록 구성했답니다.

이렇게 수학 퍼즐과 퀴즈를 풀다 보면 수학 연산 능력, 사고력, 창의력, 논리력이 쑥쑥 자라게 될 거예요. 친구들과 함께 이 책을 풀면서 재미있게 놀 수도 있어요. 수학은 절대로 지루하고 어려운 것이 아니라, 세상에서 최고로 재미있는 것이랍니다! 자, 이제부터 즐거운 수학 퍼즐의 세계로 들어가 볼까요? 신기하고 재미있는 일들이 기다리고 있답니다.

임용식

이렇게 읽어요!

호기심과 탐구 욕구를 일으키는 수학 퍼즐

어느 수학자는 "수학은 조각처럼 엄격하고 냉엄한 최고의 미를 가지고 있다."라고 말했습니다. 수학 퍼즐에서 보여 주는 '수'의 배열과 배치도 이와 같은 아름다움을 지니고 있으며, 수학자들의 관심을 끌어 왔습니다. 수학 퍼즐의 목적은 어린이들에게 호기심과 탐구 욕구를 일으키는 인지적 자극을 줌으로써 학습 동기를 유발하고, 수학에 흥미를 갖게 하는 데 있습니다.

능동적으로 참여하는 흥미 있는 놀이

이 책은 어린이 스스로가 능동적으로 참여하고, 다양한 방식으로 학습할 수 있도록 구성되었습니다. 수학 퍼즐은 어린이들에게 수학에 대한 관심을 불러일으키는 오락이자 게임으로 출발하여, 흥미와 호기심 속에서 공부할 수 있게 한 창의적인 프로그램입니다.

수학적 사고력과 응용력을 키워 주는 신기한 수학 놀이

첫째, 퍼즐 형식의 숫자 놀이를 통해 수학에 흥미를 갖도록 유도합니다.

　둘째, 어린이들의 흥미, 적성, 요구 등을 고려한 학습 내용을 다양하게 제공합니다.

　셋째, 어린이들의 사고력, 창의력, 감수성, 자율성 등에 비중을 두고 꾸몄습니다.

　넷째, 수준별, 단계별로 구성되어 있어 학부모나 교사의 힘에 의존하지 않고 어린이 스스로 놀이하듯이 학습할 수 있습니다.

　다섯째, 암기 주입식, 기계적 문제 풀이에서 벗어난 재미있는 수학 놀이를 통해 창의력과 상상력을 키워 줍니다.

　여섯째, 획일성, 경직성에서 탈피하여 논리적으로 생각하는 습관을 자연스럽게 터득하도록 도와줍니다.

　일곱째, 어떤 사실을 다양한 방식으로 적용하는 수학적 사고력, 응용력을 길러 줍니다.

　여덟째, 숫자 놀이 외에 칠교 놀이, 펜토미노 등 수학에 흥미를 느낄 수 있는 다양한 형태의 놀이로 수학을 즐기면서 학습할 수 있습니다.

차례

머리말 4
이렇게 읽어요! 6

1부 생각이 쑥쑥 자라는 수학 퍼즐

문제 1 ~ 문제 20   10
교과서 따라잡기 가르기와 모으기   30
문제 21 ~ 문제 40   34
교과서 따라잡기 다섯 자리 수   54
문제 41 ~ 문제 60   58
교과서 따라잡기 곱셈과 나눗셈   78

2부 머리가 좋아지는 융합 사고력 퀴즈

문제 1 ~ 문제 20   84
교과서 따라잡기 분수   104
문제 21 ~ 문제 40   108
교과서 따라잡기 소수   128
문제 41 ~ 문제 60   132
교과서 따라잡기 시간   152

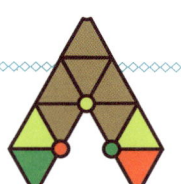

수학 퍼즐 정답   156
융합 사고력 퀴즈 정답   166
교과서 따라잡기 정답   177
부록 – 칠교 조각

1부
생각이 쑥쑥 자라는 수학 퍼즐

01

1부터 5까지의 수를 한 번씩만 사용해서 선 위의 수의 합이 10이 되도록 알맞은 수를 넣어 보세요.

02

1부터 6까지의 수를 한 번씩만 사용해서 선 위의 수의 합이 9가 되도록 알맞은 수를 넣어 보세요.

03

1부터 8까지의 수를 한 번 또는 두 번 사용해서 각 선 위의 수의 합이 10이 되도록 알맞은 수를 넣어 보세요.(각 수는 최대 두 번까지 쓸 수 있습니다.)

04

1부터 6까지의 수를 한 번 또는 두 번 사용해서 선 위의 수의 합이 10이 되도록 알맞은 수를 넣어 보세요.

05

1부터 5까지의 수를 한 번씩만 사용해서 각 동그라미 속의 수의 합이 6이 되도록 알맞은 수를 넣어 보세요.

06

1부터 7까지의 수를 한 번씩만 사용해서 각 동그라미 속의 수의 합이 9가 되도록 알맞은 수를 넣어 보세요.

07

1부터 7까지의 수를 한 번씩만 사용해서 각 동그라미 속의 수의 합이 10이 되도록 알맞은 수를 넣어 보세요.

08

1부터 8까지의 숫자 중 필요한 수를 한 번씩만 사용해서 각 동그라미 속의 수의 합이 9가 되도록 알맞은 수를 넣어 보세요.

1부터 7까지의 수를 한 번씩만 사용해서 선 위의 수의 합이 10이 되도록 알맞은 수를 넣어 보세요.

10

1부터 9까지의 수를 한 번씩만 사용해서 각 동그라미 속의 수의 합이 11이 되도록 알맞은 수를 넣어 보세요.

11

1부터 9까지의 수 중 몇 개를 한 번씩만 사용해서 선 위의 수의 합이 12가 되도록 알맞은 수를 넣어 보세요.

1부터 9까지의 수를 한 번씩만 사용해서 각 동그라미 속 숫자의 합이 13이 되도록 알맞은 수를 넣어 보세요.

13

1부터 9까지의 수를 한 번씩만 사용해서 가로, 세로, 대각선의 수의 합이 각각 15가 되도록 알맞은 수를 넣어 보세요.

14

1부터 9까지의 수를 한 번씩만 사용해서 삼각형의 빗변과 밑변 위의 수의 합이 각각 17이 되도록 알맞은 수를 넣어 보세요.

1부터 9까지의 수를 한 번씩만 사용해서 삼각형의 빗변과 밑변 위의 수의 합이 각각 17이 되도록 알맞은 수를 넣어 보세요.

16

1부터 10까지의 수를 한 번씩만 사용해서 가로와 세로의 합이 각각 18이 되도록 알맞은 수를 넣어 보세요.

1부터 10까지의 수를 한 번씩만 사용해서 가로와 세로의 수의 합이 각각 18이 되도록 알맞은 수를 넣어 보세요.

18

1부터 10까지의 수를 한 번씩만 사용해서 가로와 세로의 수의 합이 각각 19가 되도록 알맞은 수를 넣어 보세요.

1부터 10까지의 수를 한 번씩만 사용해서 가로와 세로의 수의 합이 각각 20이 되도록 알맞은 수를 넣어 보세요.

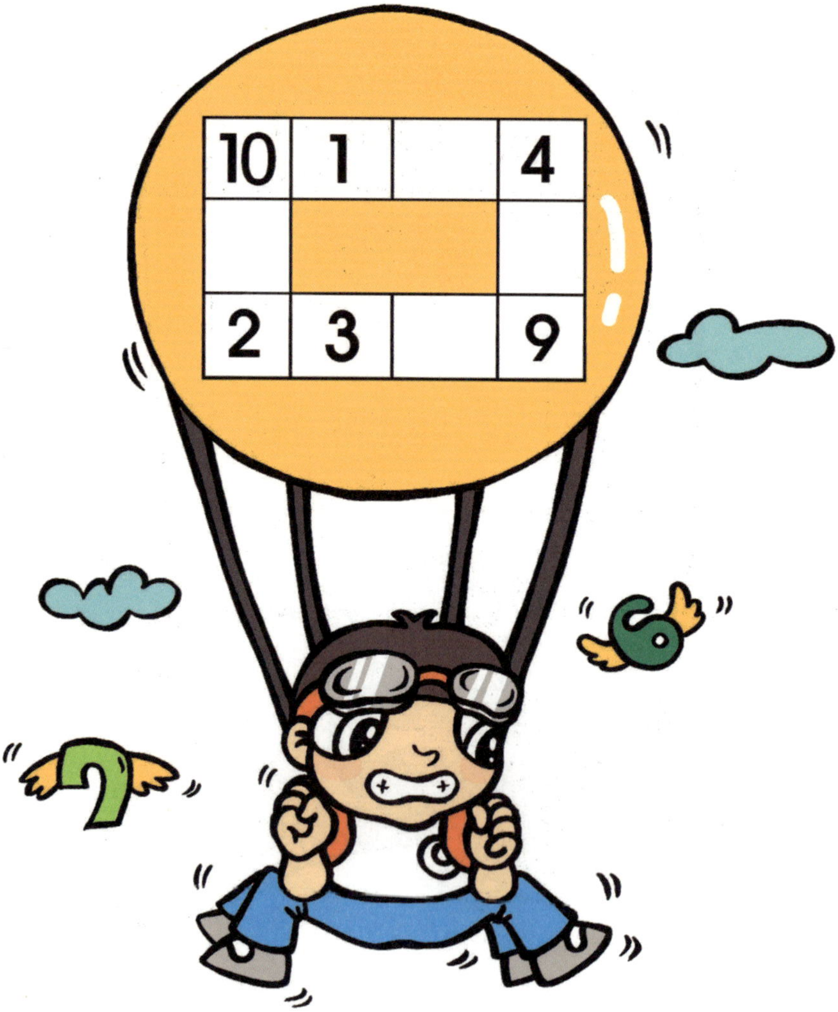

20

1부터 10까지의 수를 한 번씩만 사용해서 가로와 세로의 수의 합이 각각 22가 되도록 알맞은 수를 넣어 보세요.

가르기와 모으기

1. 가르기와 모으기

7+5를 계산해 봅시다.

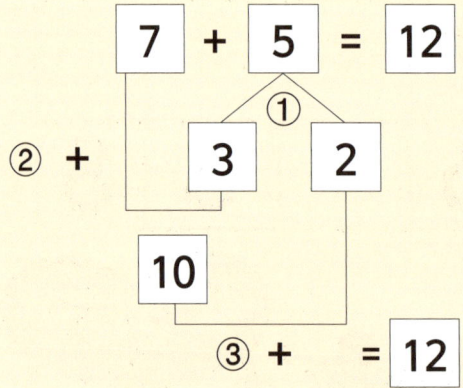

7과 5를 더하면 자릿수가 두 자리 수로 바뀝니다.

두 자리 수는 10의 자리 수이기 때문에 7+5는 10보다 큰 수라고 할 수 있습니다.

10보다 큰 수를 구하는 문제를 모으기와 가르기로 풀어 봅시다.

① 10을 만들기 위해서 5를 3과 2으로 가릅니다.

② 7+3을 먼저 계산하면 10이 됩니다.

③ ①에서 가른 수 2와 ②에서 합한 수 10을 더하면 12입니다.

12-5를 계산해봅시다.

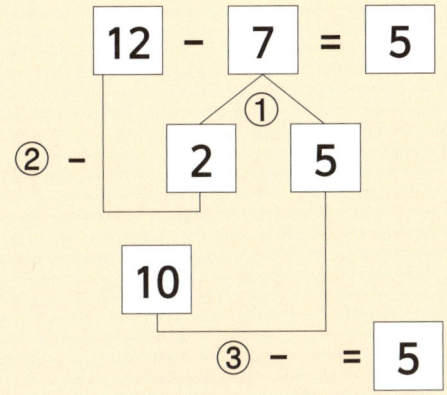

12에서 7을 빼면 자릿수가 한 자리 수로 바뀝니다.
한 자리 수는 1의 자리 수이기 때문에 12-7은 10보다 작은 수라고 할 수 있습니다.

① 10을 만들기 위해서 7을 2와 5로 가릅니다.

② 12-2를 먼저 계산하면 10이 됩니다.

③ ②에서 뺀 수 10에서 ①에서 가른 수 5를 빼면 5입니다.

2. 10을 가르고 모으기

10을 가르고 모으기를 연습해 봅시다.

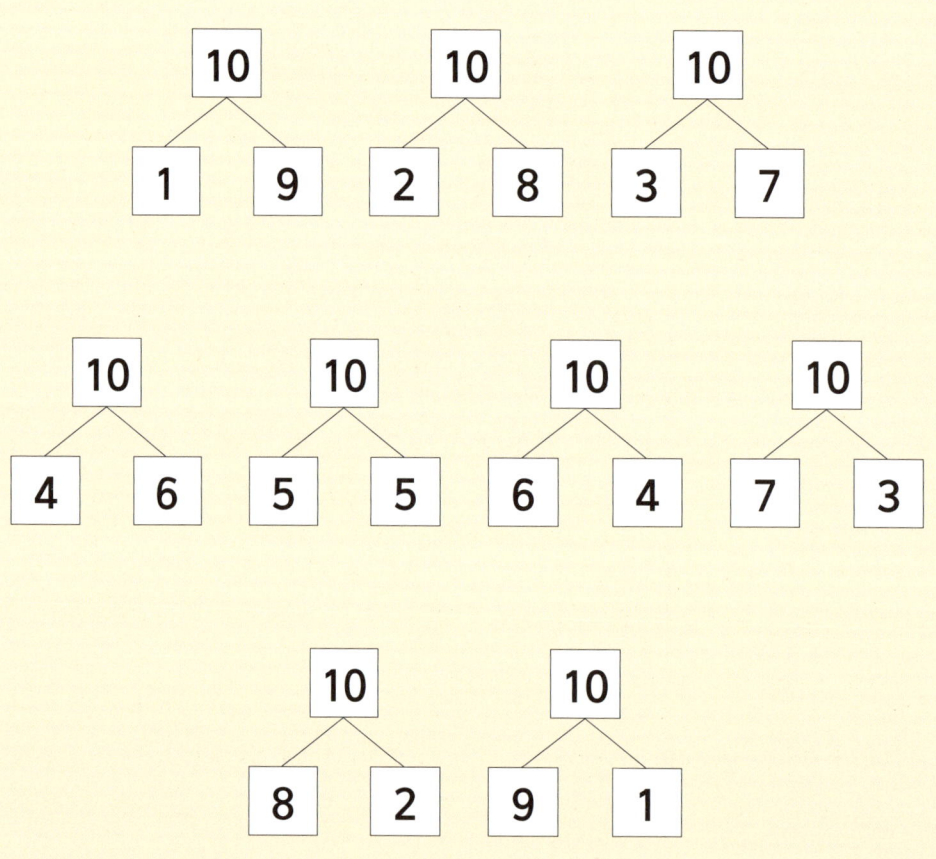

3. 10의 보수

2와 8처럼 더하면 10이 되는 수를 10의 보수라고 부릅니다.
10의 보수를 이용하면 덧셈과 뺄셈을 쉽게 할 수 있습니다.

예를 들어 8+7을 계산할 때 8보다 7 큰 수를 계산하는 것보다
7을 '10에 대한 8의 보수'인 2와 5로 가르고,
8과 2를 더한 10에 5를 더하면
15라는 답을 내는 방법이 훨씬 쉽거든요.

● 10의 보수를 참고하여 빈칸을 채워 보세요.

2 + ☐ = 10   ☐ + 6 = 10

☐ + 4 = 10   3 + ☐ = 10

7 + ☐ = 10   ☐ + 9 = 10

☐ + 1 = 10   0 + ☐ = 10

5 + ☐ = 10   ☐ + 8 = 10

21

1부터 10까지의 숫자 중 필요한 수를 사용해서 직선 위의 수의 합이 각각 17이 되도록 알맞은 수를 넣어 보세요.

22

2부터 10까지의 수를 한 번씩만 넣어서 가로, 세로, 대각선의 수의 합이 각각 18이 되도록 알맞은 수를 넣어 보세요.

2부터 10까지의 수를 한 번씩만 넣어서 가로, 세로, 대각선의 수의 합이 각각 18이 되도록 알맞은 수를 넣어 보세요.

24

2부터 10까지의 수를 한 번씩만 넣어서 가로, 세로, 대각선의 수의 합이 각각 18이 되도록 알맞은 수를 넣어 보세요.

25

동그라미 3개가 만나도록 하고 그 만난 점에 1부터 6까지의 숫자를 한 번씩만 사용하여 넣습니다. 이때 동그라미 주위의 수의 합이 각각 14, 점선 끝의 수의 합이 각각 7이 되도록 알맞은 수를 넣어 보세요.

26

동그라미 3개가 만나도록 하고, 그 만난 점에 1부터 6까지의 수를 한 번씩만 사용하여 넣습니다. 이때 동그라미 주위의 수의 합이 각각 14, 점선 끝의 수의 합이 각각 7이 되도록 알맞은 수를 넣어 보세요.

27

1부터 9까지의 수를 한 번씩만 사용해서 가로, 세로의 수의 합이 각각 25가 되도록 알맞은 수를 넣어 보세요.

28

긴 직사각형이 가로와 세로로 겹쳐 있습니다. 가로로 긴 사각형에서 왼쪽의 두 수를 더하면 오른쪽 수가 됩니다. 세로로 긴 사각형 역시 위의 두 수를 더하면 아래의 수가 됩니다. 다음 그림에서 빈칸에 알맞은 수를 써넣어 보세요.

29

긴 직사각형이 가로와 세로로 겹쳐 있습니다. 가로로 긴 사각형에서 왼쪽의 두 수를 더하면 오른쪽 수가 됩니다. 세로로 긴 사각형 역시 위의 두 수를 더하면 아래의 수가 됩니다. 빈칸에 알맞은 수를 써넣어 보세요.

30

긴 직사각형이 가로와 세로로 겹쳐 있습니다. 가로로 긴 사각형에서 왼쪽의 두 수를 더하면 오른쪽 수가 됩니다. 세로로 긴 사각형 역시 위의 두 수를 더하면 아래의 수가 됩니다. 빈칸에 알맞은 수를 써넣어 보세요.

31

긴 직사각형이 가로와 세로로 겹쳐 있습니다. 가로로 긴 사각형에서 왼쪽의 두 수를 더하면 오른쪽 수가 됩니다. 세로로 긴 사각형 역시 위의 두 수를 더하면 아래의 수가 됩니다. 다음 그림에서 빈칸에 알맞은 수를 써넣어 보세요.

32

긴 직사각형이 가로와 세로로 겹쳐 있습니다. 가로로 긴 사각형에서 왼쪽의 두 수를 더하면 오른쪽 수가 됩니다. 세로로 긴 사각형 역시 위의 두 수를 더하면 아래의 수가 됩니다. 다음 그림에서 빈칸에 알맞은 수를 써넣어 보세요.

33

긴 직사각형이 가로와 세로로 겹쳐 있습니다. 가로로 긴 사각형의 맨 왼쪽 수에서 두 번째 수를 빼면 오른쪽 수가 됩니다. 세로로 긴 사각형 역시 맨 위의 수에서 두 번째 수를 빼면 아래의 수가 됩니다. 다음 빈칸에 알맞은 수를 써넣어 보세요.

34

긴 사각형이 가로와 세로로 겹쳐 있습니다. 가로로 긴 사각형의 맨 왼쪽 수에서 두 번째 수를 빼면 오른쪽 수가 됩니다. 세로로 긴 사각형 역시 맨 위의 수에서 두 번째 수를 빼면 아래의 수가 됩니다. 다음 빈칸에 알맞은 수를 써넣어 보세요.

긴 직사각형이 가로와 세로로 겹쳐 있습니다. 가로로 긴 사각형의 맨 왼쪽 수에서 두 번째 수를 빼면 오른쪽 수가 됩니다. 세로로 긴 사각형 역시 맨 위의 수에서 두 번째 수를 빼면 아래의 수가 됩니다. 다음 그림에서 빈칸에 알맞은 수를 써넣어 보세요.

36

긴 직사각형이 가로와 세로로 겹쳐 있습니다. 가로로 긴 사각형의 맨 왼쪽 수에서 두 번째 수를 빼면 오른쪽 수가 됩니다. 세로로 긴 사각형 역시 맨 위의 수에서 두 번째 수를 빼면 아래의 수가 됩니다. 다음 그림에서 빈칸에 알맞은 수를 써넣어 보세요.

37

긴 직사각형이 가로와 세로로 겹쳐 있습니다. 가로로 긴 사각형의 맨 왼쪽 수에서 두 번째 수를 빼면 오른쪽 수가 됩니다. 세로로 긴 사각형 역시 맨 위의 수에서 두 번째 수를 빼면 아래의 수가 됩니다. 다음 빈칸에 알맞은 수를 써넣어 보세요.

더해서 6이 되는 두 개의 수를 묶어 보세요. 옆으로, 아래로, 위로, 대각선으로 모두 묶을 수 있습니다. 그러면 묶음이 몇 개나 될까요?

더해서 7이 되는 두 개의 수를 묶어 보세요. 옆으로, 아래로, 위로, 대각선으로 모두 묶을 수 있습니다. 그러면 묶음이 몇 개나 될까요?

더해서 8이 되는 두 개의 수를 묶어 보세요. 옆으로, 아래로, 위로, 대각선으로 모두 묶을 수 있습니다. 그러면 묶음이 몇 개나 될까요?

다섯 자리 수

1. 1000이 10개인 수

한 개에 1000원짜리 아이스크림이 있습니다.
친구 8명이 아이스크림을 사 먹으려면 모두 얼마가 필요할까요?
9명이 먹으려면 얼마가 필요할까요? 10명이 먹으려면 얼마가 필요할까요?

1000원짜리가 8장 있으면 8000원, 9장 있으면 9000원, 10장 있으면 10000원입니다.
10000은 (일)만이라고 읽습니다.
즉, 1000이 10개면 10000이고, 10000은 1000이 10개인 수입니다.

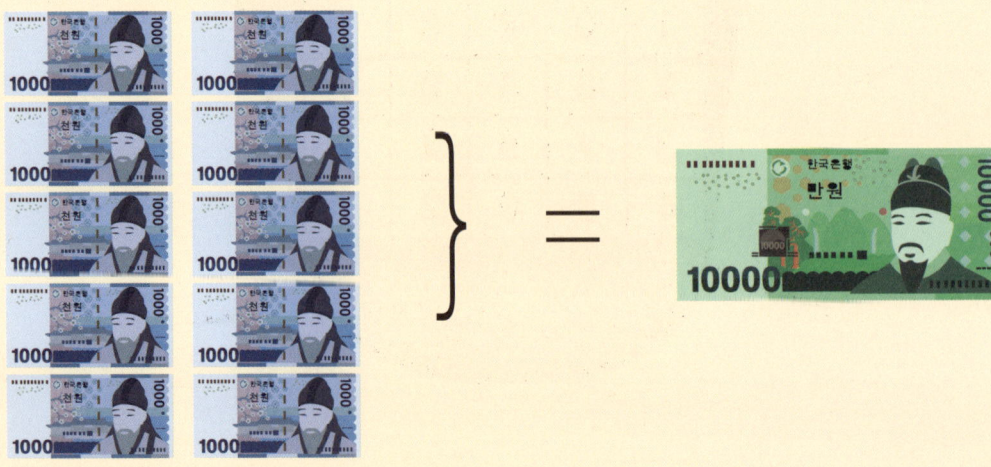

2. 10000 알아보기

● 다음 빈칸에 알맞은 수를 써넣어 봅시다.

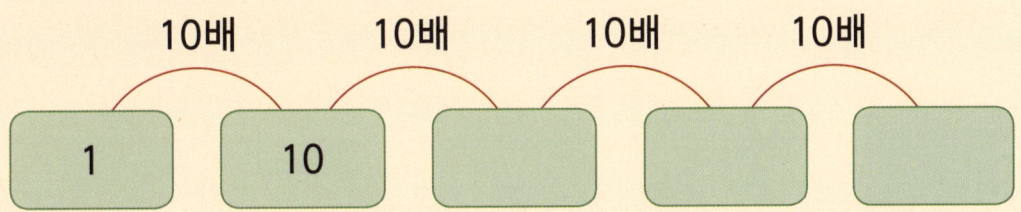

10000은 9000보다 _____ 만큼 더 큰 수

9900보다 _____ 만큼 더 큰 수

9990보다 _____ 만큼 더 큰 수

9999보다 _____ 만큼 더 큰 수

3. 다섯 자리 수 알아보기

35982를 자세히 알아봅시다.

만의 자리	천의 자리	백의 자리	십의 자리	일의 자리
3	5	9	8	2

3	0	0	0	0
	5	0	0	0
		9	0	0
			8	0
				2

30000 + 5000 + 900 + 80 + 2 = 35982

10000이 3개, 1000이 5개, 100이 9개,
10이 8개, 1이 2개인 수를 35982이라고 쓰고,
삼만 오천구백팔십이이라고 읽습니다.

● 다음 숫자를 한 번씩만 사용하여 다섯 자리 수를 만들고 읽어 봅시다.

| 0 | 2 | 7 | 1 | 4 |

쓰기 : _____

읽기 : _____

더해서 10이 되는 두 개의 수를 묶어 보세요. 옆으로, 아래로, 위로, 대각선으로 모두 묶을 수 있습니다. 그러면 묶음이 몇 개나 될까요?

42

더해서 13이 되는 두 개의 수를 묶어 보세요. 옆으로, 아래로, 위로, 대각선으로 모두 묶을 수 있습니다. 그러면 묶음이 몇 개나 될까요?

더해서 14가 되는 두 개의 수를 묶어 보세요. 옆으로, 아래로, 위로, 대각선으로 모두 묶을 수 있습니다. 그러면 묶음이 몇 개나 될까요?

더해서 15가 되는 세 개의 수를 사각형으로 묶어 보세요. 옆으로, 아래로, 위로, 대각선으로 묶을 수 있습니다. 그러면 묶음이 몇 개나 될까요?

더해서 18이 되는 세 개의 수를 사각형으로 묶어 보세요. 옆으로, 아래로, 위로, 대각선으로 묶을 수 있습니다. 그러면 묶음이 몇 개나 될까요?

더해서 19가 되는 세 개의 수를 사각형으로 묶어 보세요. 옆으로, 아래로, 위로, 대각선으로 묶을 수 있습니다. 그러면 묶음이 몇 개나 될까요?

47

더해서 20이 되는 세 개의 수를 사각형으로 묶어 보세요. 옆으로, 아래로, 위로, 대각선으로 묶을 수 있습니다. 그러면 묶음이 몇 개나 될까요?

계산하여 답이 3이나 13이 되는 칸을 찾아 색칠해 보세요. 숨어 있던 예쁜 그림이 나타납니다.

49

계산하여 답이 4나 14가 되는 칸을 찾아 색칠해 보세요. 숨어 있던 예쁜 그림이 나타납니다.

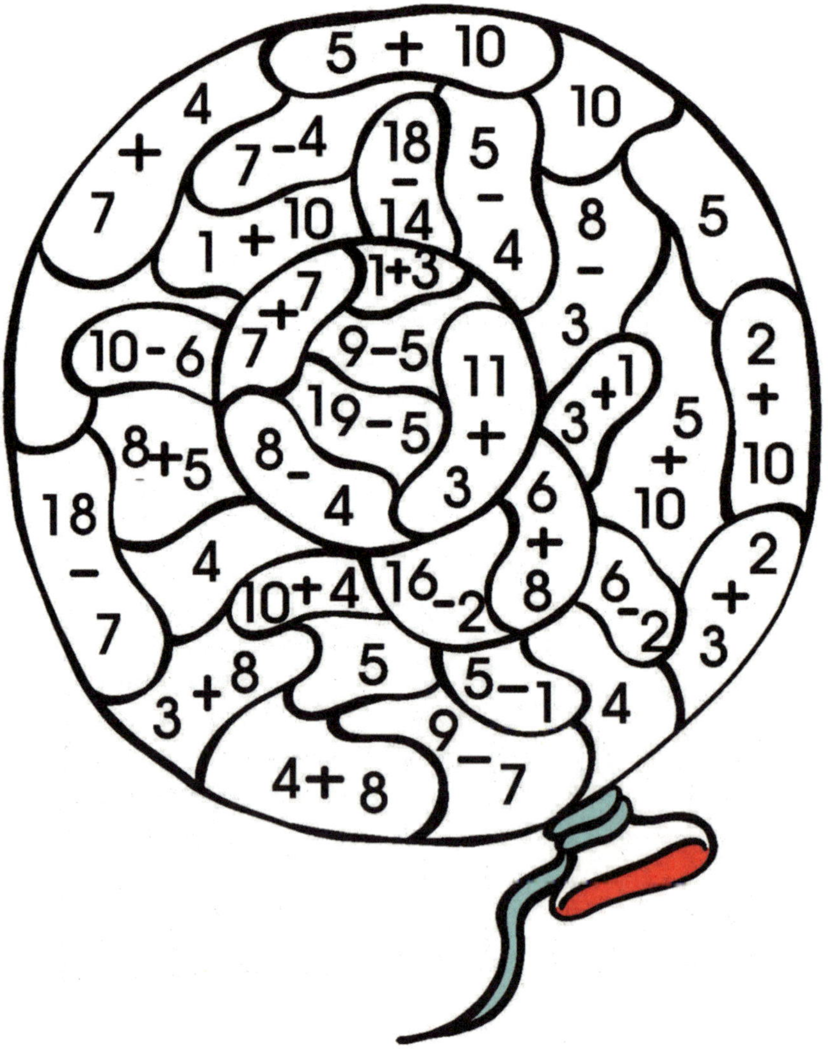

50

계산하여 답이 5나 15가 되는 칸을 찾아 색칠해 보세요. 숨어 있던 예쁜 그림이 나타납니다.

계산하여 답이 6이나 16이 되는 칸을 찾아 색칠해 보세요. 숨어 있던 예쁜 그림이 나타납니다.

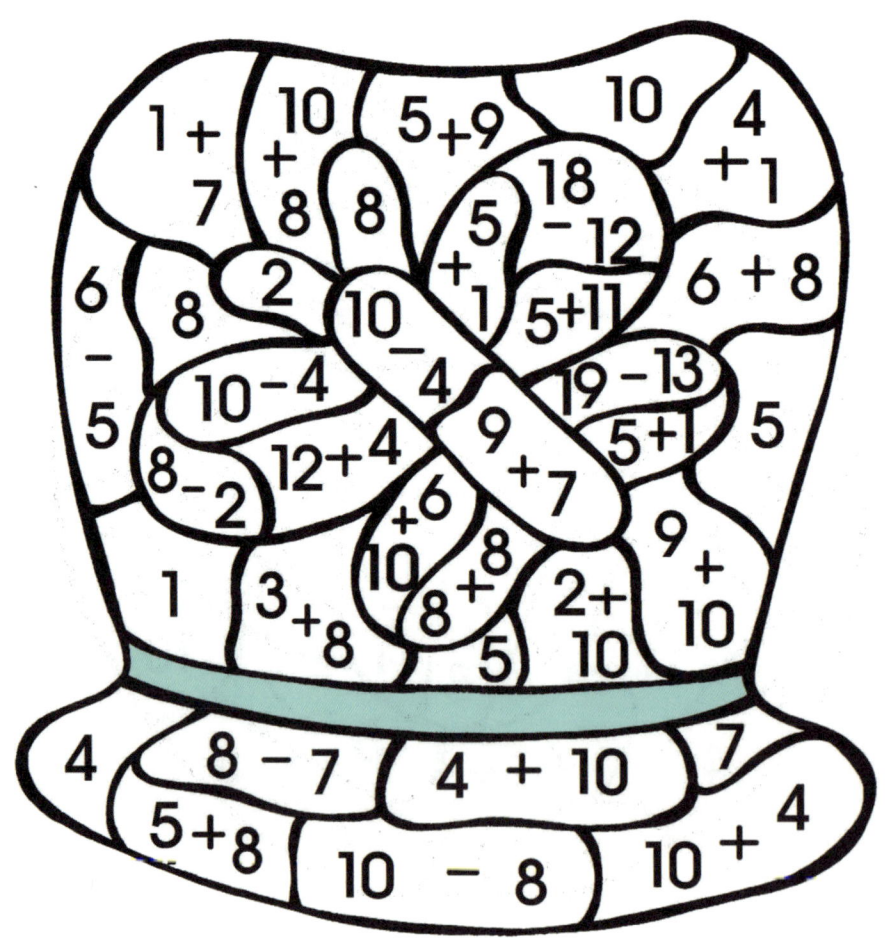

계산하여 답이 7이나 17이 되는 칸을 찾아 색칠해 보세요. 숨어 있던 예쁜 그림이 나타납니다.

칠교 조각 중에서 삼각형 3개, 평행사변형 1개를 사용하여 다음 삼각형 모양을 만들어 보세요.(부록에 있는 칠교 조각을 활용하세요.)

칠교 조각을 전부 사용하여 다음 삼각형 모양을 만들어 보세요.

칠교 조각 중에서 삼각형 4개, 정사각형 1개, 평행사변형 1개를 사용하여 다음 사각형 모양을 만들어 보세요.

칠교 조각을 전부 사용하여 캥거루 모양을 만들어 보세요.

칠교 조각을 전부 사용하여 양초 모양을 만들어 보세요.

칠교 조각을 전부 사용하여 그림과 같은 배 모양을 만들어 보세요.

칠교 조각을 전부 사용하여 토끼 모양을 만들어 보세요.

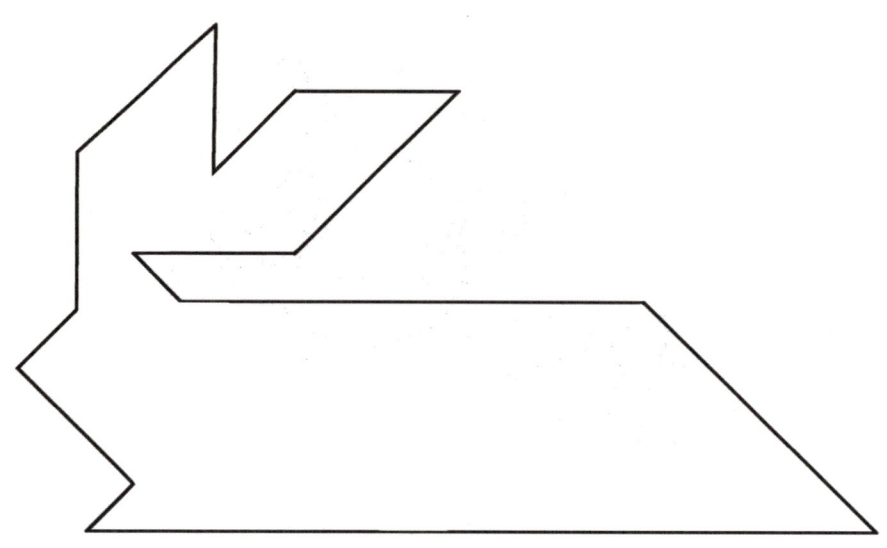

칠교 조각을 전부 사용하여 암탉 모양을 만들어 보세요.

교과서 따라잡기

곱셈과 나눗셈

1. 똑같이 나누기

곱셈과 나눗셈은 아주 달라 보이지요?
사실 곱셈과 나눗셈은 같은 원리를 가지고 있답니다.
큰 수를 작은 수로 묶어서 표현하는 것이 곱셈과 나눗셈의 원리입니다.
"몇 개씩 묶은 묶음이 몇 개?"라는 질문에서 곱셈과 나눗셈은 출발합니다.

엄마가 도넛 6개를 사왔습니다. 달콤한 도넛을 나와 오빠, 동생이 나눠 먹어야 합니다. 싸우지 않고 공평하게 나누려면 어떻게 해야 할까요?

2. 나눗셈식

6을 3으로 나누면 2가 됩니다.

$$6 \div 3 = 2$$

'÷' 기호가 들어간 식을 나눗셈식이라고 부릅니다.
나누기는 큰 수를 기준이 되는 수로 쪼개는 것을 말합니다.
6÷3=2는 "6 나누기 3은 2와 같습니다"라고 읽습니다.
여기서 6은 나누어지는 수, 3은 나누는 수, 2는 6을 3으로 나눈 몫이라고 합니다.

따라서 한 명당 두 개의 도넛을 먹을 수 있습니다.

● 피자 8조각을 4명이 나누어 먹는다면, 한 명이 몇 조각의 피자를 먹을 수 있을까요?

나눗셈식 : _____

한 명이 _____ 조각의 피자를 먹을 수 있습니다.

● 나눗셈 식을 직접 만들어 봅시다.

문제 : _____

나눗셈식 : _____   답 : _____

3. 곱셈과 나눗셈의 관계

오렌지 12개를 친구들과 똑같이 나누어 먹으려고 합니다.
어떻게 나눌 수 있을까요?

12를 곱셈식으로 나타내 봅시다.

$1 \times 12 = 12$ $2 \times 6 = 12$ $3 \times 4 = 12$

$12 \times 1 = 12$ $4 \times 3 = 12$ $6 \times 2 = 12$

12개의 오렌지를 2명이 똑같이 나누면 한 명당 6개씩 먹을 수 있습니다.

$$12 \div 2 = 6$$

12개의 오렌지를 3명이 똑같이 나누면 한 명당 4개씩 먹을 수 있습니다.

$$12 \div 3 = 4$$

$1 \times 12 = 12$
$2 \times 6 = 12$
$3 \times 4 = 12$
$4 \times 3 = 12$
$6 \times 2 = 12$
$12 \times 1 = 12$

$12 \div 1 = 12$
$12 \div 2 = 6$
$12 \div 3 = 4$
$12 \div 4 = 3$
$12 \div 6 = 2$
$12 \div 12 = 1$

곱셈식은 이렇게 나눗셈식으로 바꾸어 표현할 수 있습니다.

- 아래에 주어진 수를 가지고 곱셈식과 나눗셈식을 각각 1개씩 만들어 보세요.

21 → 나눗셈식 : _____ ÷ _____ = _____
　　　곱셈식 : _____ × _____ = _____

16 → 나눗셈식 : _____ ÷ _____ = _____
　　　곱셈식 : _____ × _____ = _____

01 의자 놀이

의자 4개와 어린이 15명이 있습니다. 의자 하나에 3명씩 앉으면 의자에 앉지 못하는 사람은 몇 명일까요?

02 동그라미 옮기기

동그라미 두 개를 옮겨서 모든 선 위에 놓인 동그라미의 개수가 같게 해보세요.

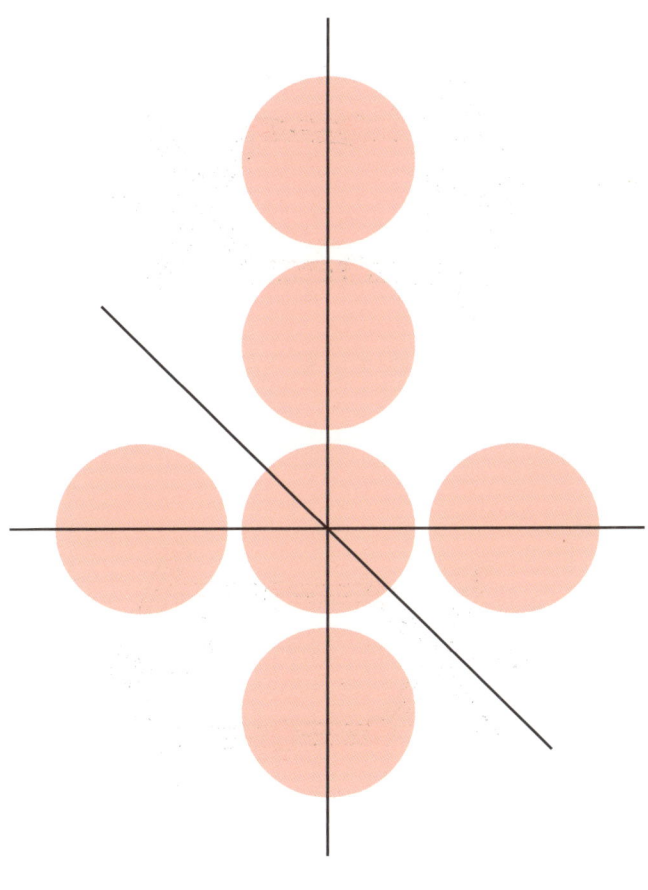

03 막대 놀이

성냥개비로 물고기 모양을 만들었습니다. 성냥개비를 움직여 물고기가 헤엄치는 방향을 바꾸어 보세요.

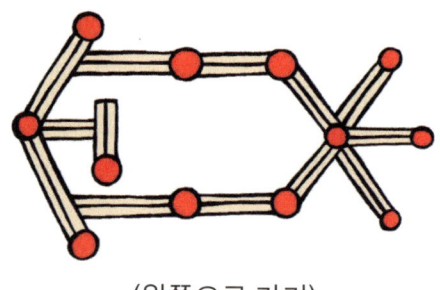

(왼쪽으로 가기)

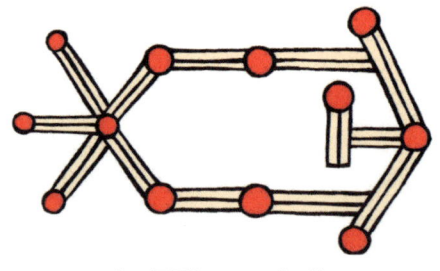

(오른쪽으로 가기)

04 성냥개비 놀이

이상한 의자가 있습니다. 성냥개비 두 개만 움직여서 바로 선 의자로 만들어 보세요.

05 마주나기잎 찾기

우리 주변의 나무를 잘 살펴보면, 줄기에 나뭇잎이 나는 방법이 여러 가지인 것을 알 수 있습니다. 다음 나뭇잎 중 '마주나기잎'을 찾아보세요.

①

②

③

④

06 땅 나누기

그림과 같이 사과나무가 여섯 그루 있습니다. 이 나무들을 같은 모양의 땅 위에 심으려고 합니다. 땅을 어떻게 나누어야 할까요?

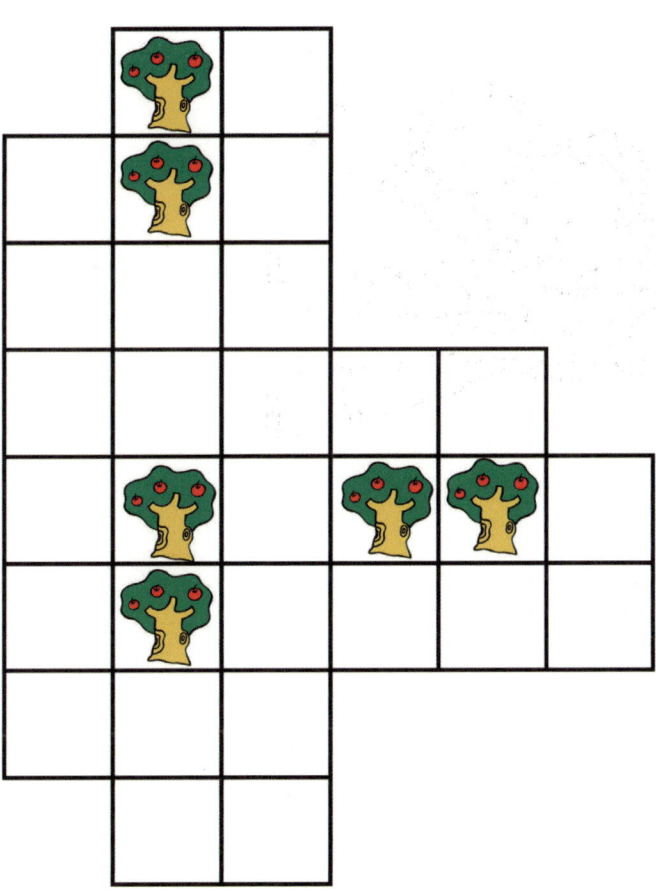

07 물총 놀이

명호, 영수, 기호 세 사람이 물총을 쏘아 물이 맞은 지점을 표시해 보았습니다. 세 사람이 쏜 물이 별처럼 박혀 있다면, 각각 누가 쏜 것인지 알아맞혀 보세요.

08 로마 숫자 표시

다음 로마 숫자와 숫자 대응표를 참고하여 성냥개비로 로마 숫자를 만들어 세운 식을 잘 살펴보세요. 그리고 성냥개비를 1개만 옮겨서 올바른 식으로 만들어 보세요.

숫자	1	2	3	4	5	6	7	8	9	10
로마숫자	I	II	III	IV	V	VI	VII	VIII	IX	X

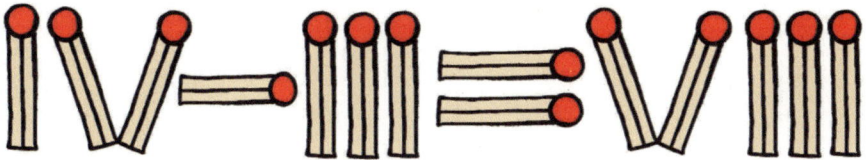

09 성냥개비 식 만들기

성냥개비 9개로 그림과 같은 식을 만들었습니다. 그런데 이 식은 맞지 않습니다. 성냥개비를 1개만 옮겨서 올바른 식이 되도록 해 보세요.

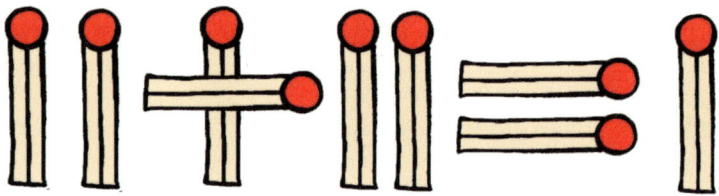

10 동전 놀이

10원짜리 동전 9개가 있습니다. 동전을 4개만 옮겨서 가로, 세로의 합이 각각 70원이 되도록 해 보세요.

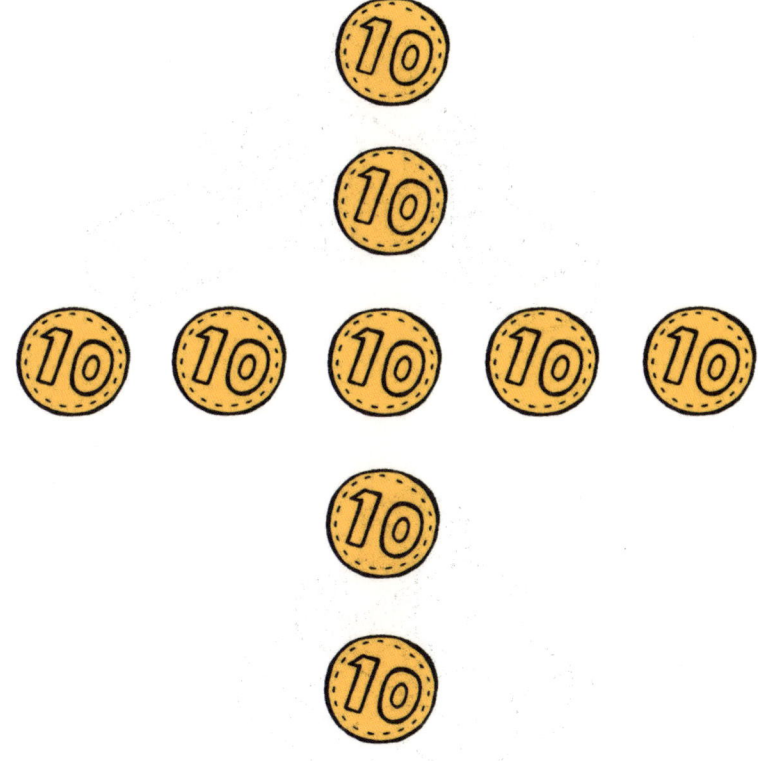

11 나무토막 세기

다음과 같이 나무토막이 쌓여 있습니다. 쌓여 있는 나무토막은 몇 개일까요?

(가)

(나)

12 풍선과 탁구공

선풍기를 뒤로 눕혀 놓고 바람을 약하게 조절한 후에 그 위에 풍선을 올려놓으면 어떻게 될까요? 또 빨대를 칼로 잘라서 선풍기처럼 만든 다음 탁구공을 올려놓고 입으로 불면 어떻게 될까요?

13 수박 자르기

수박이 한 개 있습니다. 8명이 똑같이 나누어 먹으려고 하는데, 수박을 세 번만 잘라서 똑같은 모양으로 만들려면 어떻게 해야 할까요?

14 가축 나이 알아내기

가축들의 나이는 한 살, 두 살, 세 살, 네 살입니다. 가축들의 나이를 그림으로 나타내니 다음과 같았습니다. 이 중 젖소가 네 살이라면, 다른 가축들의 나이는 몇 살일까요?

15 동전 놀이

10원짜리 동전 7개가 있습니다. 동전을 2개만 옮겨서 가로, 세로의 합이 각각 50원이 되도록 해 보세요.

16 동물 다리 그려 넣기

오징어, 개미, 닭이 있습니다. 그런데 다리가 없어요. 각각의 동물에 알맞은 개수의 다리를 그려 넣어 보세요. 개미 다리 개수는 닭 다리 개수보다 3배 더 많고, 오징어 다리 개수는 닭 다리 개수보다 5배 더 많습니다.

17 독이 든 커피 잔

무시무시하게 생긴 도둑이 나타나서 커피가 담긴 찻잔에 독약을 넣었습니다. "호호호, 어서 마셔라." 하면서 여러분이 마시기를 기다리고 있습니다. 독이 든 커피 잔을 아래의 그림 중에서 찾아보세요.

①

②

③

④

18 물놀이

경호는 양동이로 물놀이를 합니다. 양동이에 물을 가득 채워서 돌리면 물이 쏟아질까요, 쏟아지지 않을까요? 왜 그럴까요?

19 길 찾기

상우는 집에서 학교까지 가는 길을 여러 가지로 세어 보았습니다. 상우의 집에서 학교까지 가는 길은 모두 몇 가지가 되는지 세어 보세요.

20 삼각형 만들기

다음 도형에 성냥개비로 만든 사각형 1개를 넣어서 똑같은 삼각형 10개를 만들려고 합니다. 성냥개비 4개로 만든 사각형을 어디에 놓으면 작은 삼각형 10개가 될까요?

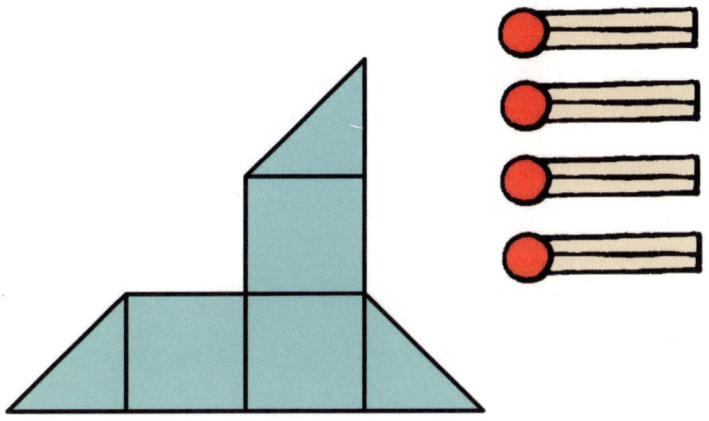

분수

1. 분수 알아보기

피자 한 판을 친구들과 똑같이 나누어 먹으려고 합니다.
모두 4명이 먹으려면 어떻게 잘라야 할까요?

네 조각으로 나누었을 때 한 사람이 먹을 수 있는 피자의 양 ⋯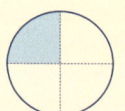

부분 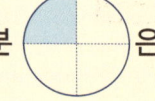 은 전체 ◯를 똑같이 4로 나눈 것 중의 1입니다.

3명이 나누어 먹으려면 어떻게 잘라야 할까요?

세 조각으로 나누었을 때 한 사람이 먹을 수 있는 피자의 양 ⋯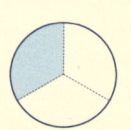

부분 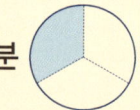 은 전체 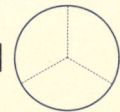 를 똑같이 3으로 나눈 것 중의 1입니다.

피자의 양을 어떻게 숫자로 나타낼 수 있을까요?

전체를 똑같이 4로 나눈 것 중의 1을 $\frac{1}{4}$ 이라 쓰고 4분의 1이라고 읽습니다.

전체를 똑같이 3으로 나눈 것 중의 1을 $\frac{1}{3}$ 이라 쓰고 3분의 1이라고 읽습니다.

$\frac{1}{3}$, $\frac{1}{4}$과 같은 수를 분수라고 합니다.

$$\frac{1}{3} = \frac{\text{··· 분자}}{\text{··· 분모}}$$

2. 분수를 이용해 표현하기

$\frac{\text{(부분)}}{\text{(전체)}}$

여기서 (전체)는 전체의 수를 의미하고 (부분)은 전체 중에서 표현하고 싶은 부분의 수를 의미합니다. 예를 들어 10개의 사탕 중에서 내가 3개를 가졌다면 내가 가진 사탕은 전체 10개 중 3개이므로

$\frac{3}{10}$ ($\frac{\text{내가 가진 사탕의 개수}=3}{\text{전체 사탕의 개수}=10}$)으로 표현할 수 있습니다.

분수는 (분자)÷(분모)로 표현할 수도 있습니다.
예를 들어 3개를 2명이 나눈다고 했을 때 이 식을 나눗셈식으로 표현하면 3÷2입니다.
이 나눗셈식의 결과는 $\frac{3}{2}$로 표현할 수 있습니다.
따라서 3÷2의 몫은 $\frac{3}{2}$입니다.

3. 분수의 종류

분수에는 진분수, 가분수, 대분수 등의 3가지 종류가 있습니다.

진분수는 분자가 항상 분모보다 작습니다.
따라서 진분수는 항상 1보다 작습니다.

진분수의 예 : $\frac{1}{2}, \frac{3}{7}, \frac{9}{50}, \frac{63}{125}$ ……

가분수는 분자가 분모보다 크거나 같은 분수를 말합니다.
가분수는 항상 1보다 크거나 같습니다.

가분수의 예 : $\frac{3}{2}, \frac{5}{5}$ (분자와 분모가 같으면 가분수입니다), $\frac{13}{9}$ ……

대분수는 자연수와 진분수의 합으로 이루어진 분수를 말합니다.

대분수의 예 : $1\frac{1}{2}, 3\frac{3}{5}, 3\frac{1}{7}$ ……

4. 가분수를 대분수로, 대분수를 가분수로 나타내기

가분수는 대분수로 바꾸어 나타낼 수 있습니다.
분자를 분모로 나누어 몫을 앞에 붙이고 나머지를 분자에 남겨두면 됩니다.

다음의 가분수를 대분수로 나타내 봅시다.

$$\frac{9}{2}$$

9를 2로 나누면 몫은 4이고 나머지는 1입니다.
9÷2=4⋯1
몫인 4를 앞에 붙이고, 나머지 1을 분자의 자리에 써 주면 대분수가 됩니다.
이때 분모는 변하지 않습니다.

$$4\frac{1}{2}$$

마찬가지로 대분수도 가분수로 바꾸어 나타낼 수 있습니다.
대분수 앞에 붙은 자연수와 분모를 곱한 수와 분자의 수를 더해 주면 됩니다.

다음의 대분수를 가분수로 나타내 봅시다.

$$2\frac{1}{5}$$

5에 2를 곱하고 분자에 있는 1을 더해 줍니다.
5×2+1=10+1=11
이 수를 분자의 자리에 써 주면 가분수가 된답니다.

$$\frac{11}{5}$$

21 삼각형의 개수

여러 가지 모양의 삼각형이 있습니다. 크고 작은 삼각형을 모두 세어 보세요. (큰 삼각형 속에 작은 삼각형이 포함될 수 있습니다.)

(가)

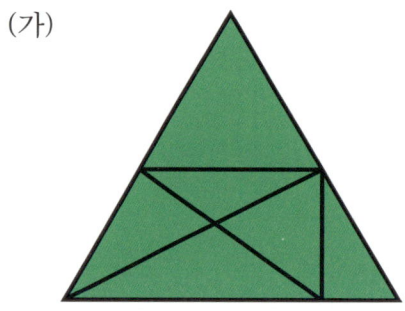

(나)

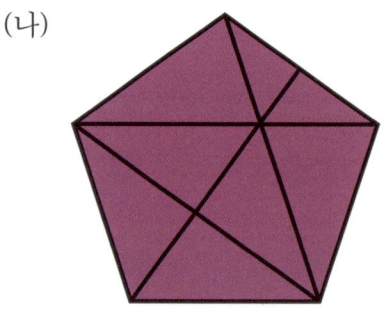

22 삼각형 만들기

다음 도형에 사각형 한 개를 그려 넣어서 똑같은 삼각형 16개를 만들어 보세요.

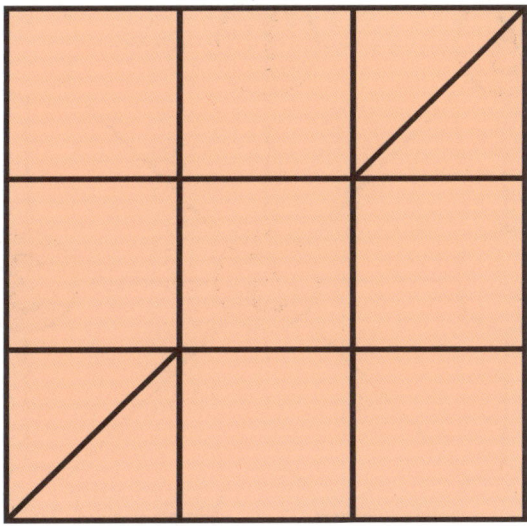

23 마방진 완성하기

다음 그림의 동그라미 속에 1, 2, 3 …… 9까지의 수가 들어 있습니다. 가로, 세로, 대각선의 수의 합이 각각 15가 되도록 알맞은 수를 넣어 보세요.

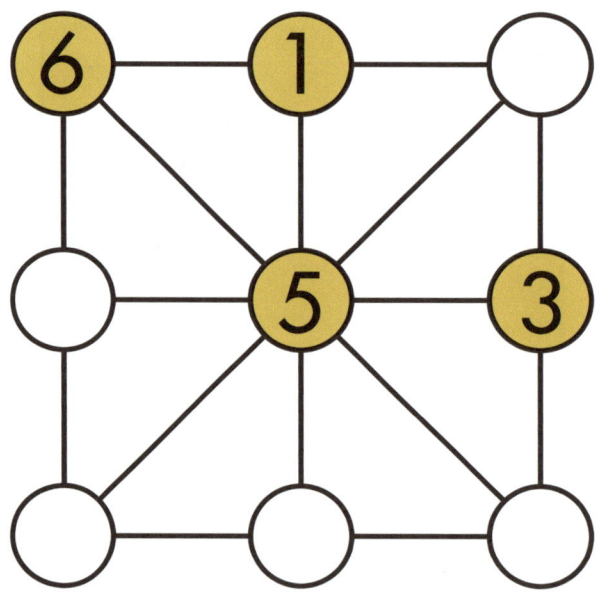

24 세모 그리기

다음 그림과 같이 크기가 같은 세모를 그려 나갑니다. ④에는 몇 개의 세모를 그려야 할까요?

①

②

③

④

25 숫자 맞히기

영수는 철수보다 구슬을 6개 더 갖고 있고, 민수보다는 3개 적게 갖고 있습니다. 세 사람이 가진 구슬 수는 모두 36개입니다. 철수가 가진 구슬은 몇 개일까요?

철수 : ☐

영수 : ☐ +6

민수 : 영수+3 = ☐ +6+3

26 옛날 문자

바빌로니아 사람들은 점토 위에 바늘로 쓴 설형 문자를 남겨 놓았습니다. 설형 문자란 '쐐기와 못'이라는 한자 말입니다. 바빌로니아 글자가 쐐기와 못 모양으로 되어 있기 때문에 붙인 이름이지요.
[보기]의 그림을 보고 다음 문제를 알아맞혀 보세요.

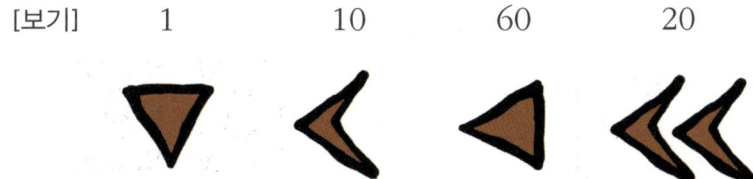

69를 바빌로니아 숫자로 나타내어 보세요.

27 삼각형 길 찾기

삼각형으로 된 길 모퉁이에 1, 2, 3의 숫자가 씌어진 카드가 그림과 같이 놓여 있습니다. 민수에게 4, 5, 6, 7, 8, 9의 숫자 카드가 있습니다. 직선 길에 민수가 가진 카드를 각각 두 장씩 놓아 각 직선 길 위의 카드의 수를 더했을 때 합이 17이 되도록 만들어 보세요.

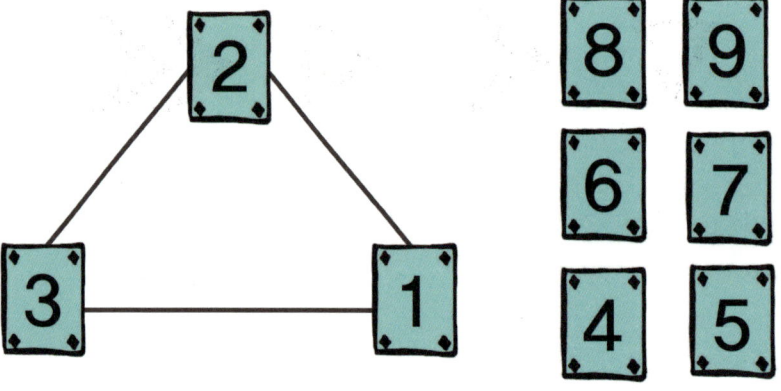

28 그림에 나타난 규칙 찾기

☐ 속에 알맞은 양을 채워 넣어 보세요.

(가) 아래 그림에서 ④에는 점이 몇 개 들어가야 하는지 그려 넣으세요.

① 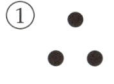 ②  ③ 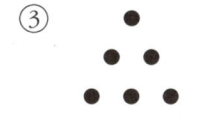 ④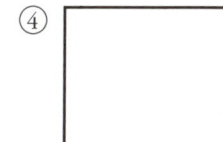

(나) 아래 그림에서 '마'는 몇 개를 써넣어야 할까요?

```
                      라
                 다    라
            나    다    라
       가    나    다    라
            나    다    라
                 다    라
                      라
```

29 고리 풀기

다음과 같이 10개의 고리가 연결되어 있습니다. 이 중에 몇 개의 고리를 풀어 고리가 두 개씩 연결되게 만들려고 합니다. 고리를 두 개씩 떨어지게 하려면 적어도 몇 군데를 풀어야 할까요?

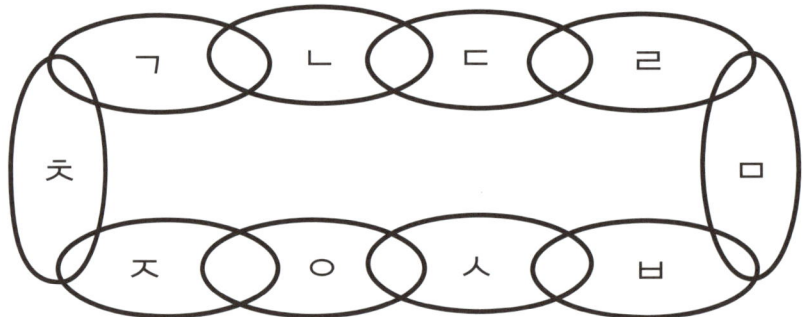

30 규칙 찾아 해결하기

다음 그림에서 빈 곳을 채우려면 □가 몇 개 더 있어야 하는지 세어 보세요. →가 있는 곳에 숫자를 써넣어 봅시다. 모두 몇 개가 들어가야 할까요?

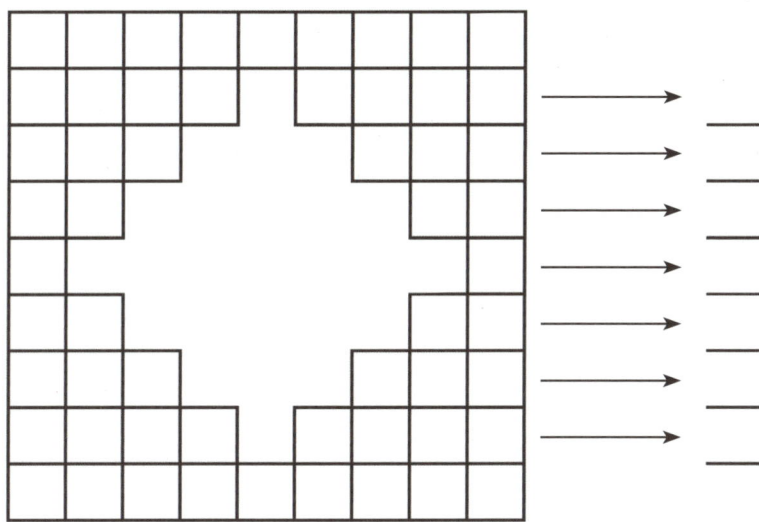

머리가 좋아지는 융합 사고력 퀴즈

31 뺄셈표 만들기

☆, ⬡, ○를 사용하여 다음과 같은 식을 만들었습니다. ☆, ⬡, ○에 어떤 수를 넣어야 식이 성립할까요?

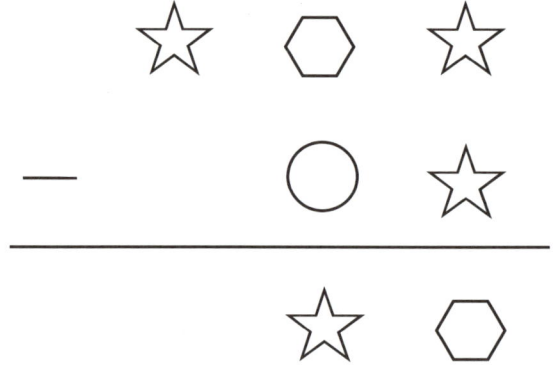

32 숫자 나누기

그림과 같은 숫자판이 있습니다. 이 숫자판을 두 개로 자르려고 합니다. 잘라 낸 판의 숫자의 합이 같게 하려면, 어떻게 자르면 좋을까요?

1	3	9	1
2	4	1	2
8	5	2	4
7	3	6	8

33 미로 찾기

호기심 많은 아기 코끼리가 봄동산을 구경하려고 돌아다니다 그만 길을 잃고 말았습니다. 길 잃은 아기 코끼리에게 엄마 코끼리를 찾아가는 길을 안내해 주세요.

34 배나무 심기

철호 집 과수원에 배나무를 십자 모양으로 심으려고 합니다. 십자 모양의 땅 한 변에 배나무를 세 그루씩 심으려면 모두 몇 그루가 필요할까요?

35 시계 놀이

시계가 있습니다. 둘로 나누었을 때 각 부분의 숫자의 합이 같도록 하려면 어떻게 나누어야 할까요? 여러 가지 방법으로 나누어 보세요.

36 과녁 맞히기

과녁이 있습니다. 과녁판의 점수는 위치에 따라 3점, 5점, 7점입니다. 6개의 화살을 쏘아 합한 점수가 26점이 되게 하려면 어떤 부분에 화살을 쏘아야 하는지 표시해 보세요.

37 삼각형 만들기

정삼각형이 그림과 같이 있습니다. 삼각형을 한 개만 더 그려 넣어서 정삼각형 9개를 만들어 보세요.

38 삼각형 만들기

아래의 삼각형 위에 크고 작은 삼각형 7개를 더 그려 넣어서 작은 삼각형 ㄱㄴㄷ과 같은 모양의 삼각형이 12개가 되도록 만들어 보세요.

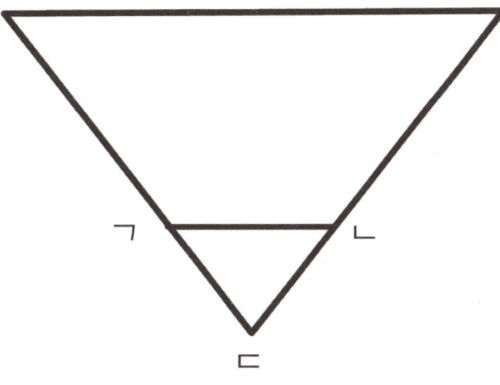

39 이등변 삼각형 만들기

모눈종이 정사각형 ①에 있는 점을 직선으로 잇고 4조각이 되도록 잘라서 ②와 같은 이등변 삼각형을 만들어 보세요.

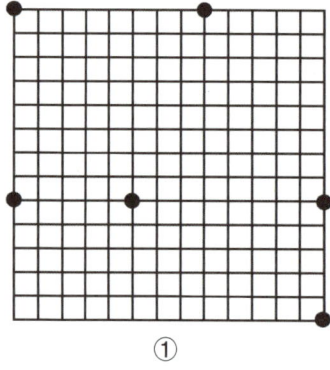
①

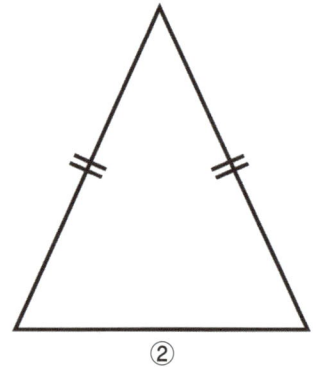
②

40 미로 찾기

맛있는 사과가 있습니다. 사과 속 미로를 빠져나가 보세요.

소수

1. 소수의 뜻

1cm를 똑같이 10으로 나누었을 때 색칠된 부분을 분수로 나타내 보세요.

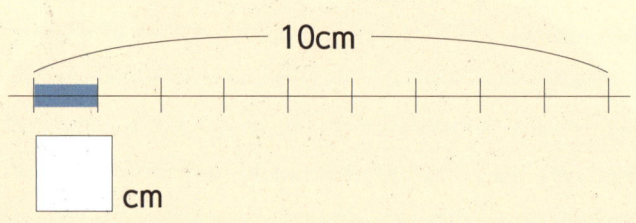

전체를 똑같이 10으로 나눈 것 중의 1을 분수로 나타내면 $\frac{1}{10}$ 입니다.

분수 $\frac{1}{10}$ 을 0.1이라 쓰고 영 점 일이라고 읽습니다.

$\frac{1}{10}$, $\frac{2}{10}$, $\frac{3}{10}$ …… $\frac{9}{10}$ 를 0.1, 0.2, 0.3 …… 0.9라 쓰고 영 점 일, 영 점 이, 영 점 삼 …… 영 점 구라고 읽습니다.

0.1, 0.2와 같은 수를 소수라 하고 '.'을 소수점이라고 합니다.

2. 소수 읽기

소수점 아래의 수는 자릿수를 붙이지 않고 따로따로 읽습니다.
32.567을 읽을 때는 '삼십이 점 오육칠'이라고 읽어야 합니다.
4.05를 읽을 때는 '사 점 영오'라고 읽어야 합니다.

소숫점 아래의 자릿수는 거꾸로 세야 합니다.
점과 가장 가까운 수부터 소수점 첫째 자리, 소수점 둘째 자리……로 부릅니다.

연습 문제를 풀어 봅시다.

● 다음 소수를 읽어 보세요.

0.5639 _____

254.789 _____

● 빈칸에 알맞은 숫자를 넣어 보세요.

748.0393

_____ 은(는) 소수점 첫째 자리 수입니다.

_____ 은(는) 소수점 둘째 자리 수입니다.

_____ 은(는) 소수점 셋째 자리 수입니다.

_____ 은(는) 소수점 넷째 자리 수입니다.

3. 소수를 분수로 나타내기, 분수를 소수로 나타내기

분모가 10, 100, 1000······인 수는 소수로 나타낼 수 있습니다.

$$0.1 = \frac{1}{10} \qquad 0.01 = \frac{1}{100}$$

$$0.001 = \frac{1}{1000} \qquad 0.2 = \frac{2}{10}$$

$$0.53 = \frac{53}{100} \qquad 0.861 = \frac{861}{1000}$$

반대로 분수를 소수로 만들 수 있습니다.
분모가 10의 배수가 아닌 경우에는 분모와 분자에 같은 수를 곱해 주어서 분모를 10의 배수로 만든 후에 소수로 바꾸면 됩니다.

$$\frac{4}{5} = \frac{4 \times 2}{5 \times 2} = \frac{8}{10} = 0.8$$

● 다음 분수는 소수로, 소수는 분수로 바꾸어 보세요.

$\frac{1}{2}$ = $\frac{3}{5}$ =

0.31 =   0.39472 =

● 주어진 카드에 적힌 소수를 보고 가장 큰 수부터 차례대로 줄 세워 보세요.

| 10.32 | 105.1 | 3.251 | 9.999 |

41 사각형의 개수

여러 가지 모양의 사각형이 있습니다. 크고 작은 사각형이 몇 개인지 세어 보세요.

(가)

(나)
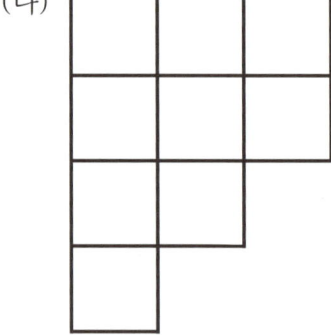

42 사각형 만들기

길이가 480센티미터인 철사가 있습니다. 이 철사를 구부려 사각형을 만들려고 합니다. 사각형의 넓이를 가장 크게 하려면 각 변의 길이를 얼마로 해야 할까요?

43 오각형의 개수와 꼭지점

정오각형이 있습니다. 정오각형을 둘러싸는 모양이 계속 커진다면 여덟 번째 그림에는 점이 몇 개가 있을까요? 또 여덟 번째까지의 모든 점을 세어 보면 몇 개가 될까요?

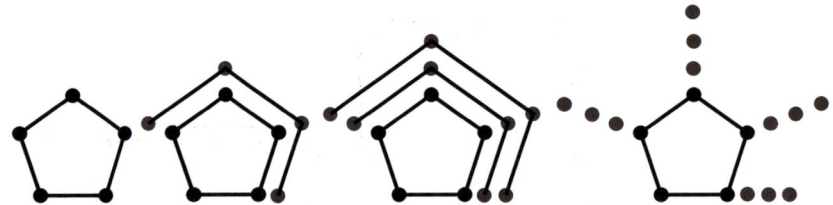

44 미로 찾기

귀여운 곰이 있습니다. 곰 친구의 팔에서부터 시작해 미로를 빠져나가 보세요.

45 상자 만들기

정육면체로 상자를 만들려고 전개도를 그렸습니다. 다음 중 주사위를 만들 수 없는 상자를 골라 보세요.

①

②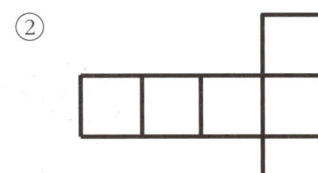

③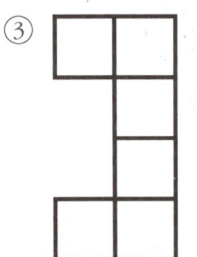

④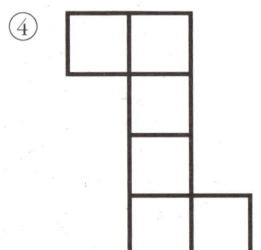

⑤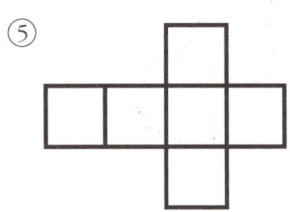

46 성냥개비 놀이

성냥그리개비로 다음과 같은 식을 만들었습니다. 그러나 이 계산은 틀렸습니다. 성냥개비 1개만 움직여서 맞는 식으로 고쳐 보세요.

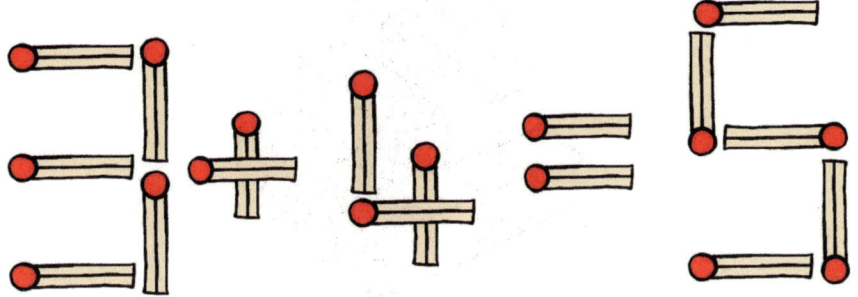

 나무토막 세기

나무토막들이 쌓여 있습니다. 쌓인 나무토막이 몇 개인지 세어 보세요.

(가)

(나)

48 4등분하기

그림과 같은 모양의 색종이가 있습니다. 네 사람에게 같은 모양, 같은 크기로 조각내어 나누어 주려면 어떻게 해야 할까요?

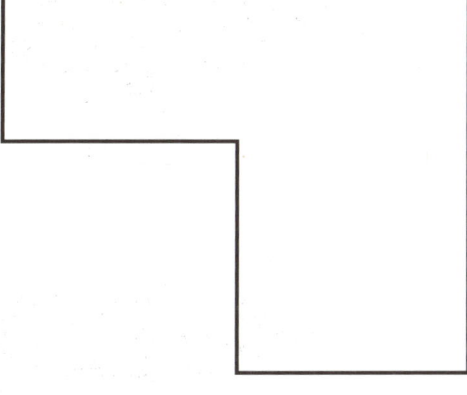

49 사과의 무게

양팔저울에 사과 3개를 얹어 놓고 어느 것이 무거운지 비교하였습니다. 추의 무게가 똑같고 저울이 수평을 이룰 때 ㉮와 ㉯ 중 어떤 사과가 더 무거운지 알아맞혀 보세요.

첫째 측정

둘째 측정

셋째 측정

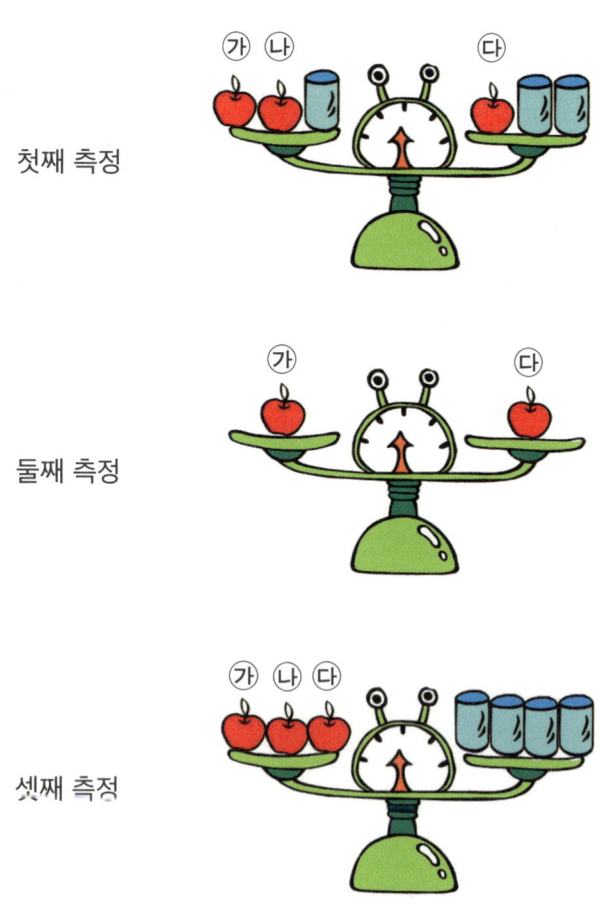

50 구슬의 무게

영수는 큰 구슬과 작은 구슬을 여러 개 가지고 있습니다. 작은 구슬 한 개는 6그램이고 큰 구슬 한 개는 몇 그램인지 모릅니다. 다음과 같이 양팔저울 위에 구슬을 올려 놓았더니 저울이 수평이 되었습니다. 큰 구슬 한 개는 몇 그램일까요?

51 사각형 만들기

긴 막대기 4개와 짧은 막대기 4개가 있습니다. 이 막대기로 사각형 3개를 만들려고 합니다. 긴 막대기의 길이는 10센티미터이고, 짧은 막대기의 길이는 5센티미터입니다. 이 막대기들을 사용하여 정사각형 3개를 만들어 보세요.

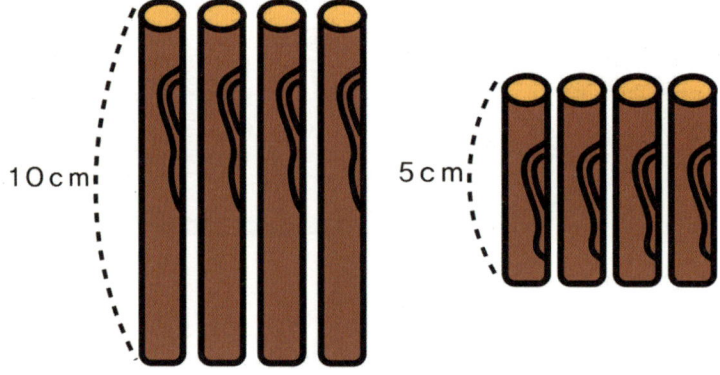

52 보람이의 야구 방망이를 찾아라

보람이가 제일 좋아하는 운동은 야구입니다. 보람이의 야구 방망이가 어디에 있는지 찾아 연필로 표시해 보세요.

[조건] 1. 보람이의 야구 방망이 오른쪽에 글러브가 있습니다.
2. 밑에는 공이 있습니다.
3. 왼쪽에는 마스크가 있습니다.

53 동물 나누기

소 4마리, 말 4마리, 개 4마리, 토끼 4마리가 방에 들어가 있습니다. 각기 다른 동물이 한 마리씩 네 마리가 들어가도록 묶어 주세요.

54 물체를 거울에 비추어 보기

거울 앞에 여러 가지 모양을 놓았습니다. 그 모양이 거울에 어떻게 비치는지 그려 보세요. 아래의 물체가 위의 거울에 비칩니다.

55 낚아 올린 물고기 알아맞히기

낚시를 좋아하는 세 친구가 오랜만에 낚시터에 모였습니다. 얼마 후 낚싯대가 휘청거리기 시작했습니다. 세 친구는 기분이 좋아 콧노래를 부르면서 낚싯대를 들어 올렸는데 낚싯줄이 엉망진창으로 엉켜 버렸습니다. (가), (나), (다) 세 사람이 낚아 올린 물고기는 각각 어느 것일까요?

56 개구리의 모험

개구리가 성벽을 올라가려고 합니다. 삼각형으로 된 곳만을 지나서 올라가야 합니다. 어떻게 지나면 될까요?

57 수탑 쌓기

다음 그림의 빈 곳에 알맞은 수를 넣어 보세요.

58 양떼 우리에 가두기

양들이 둥근 우리 속에서 뛰어놀고 있습니다. 세 개의 원을 그려 양들을 각기 다른 우리 속에 한 마리씩 가두어 보세요.

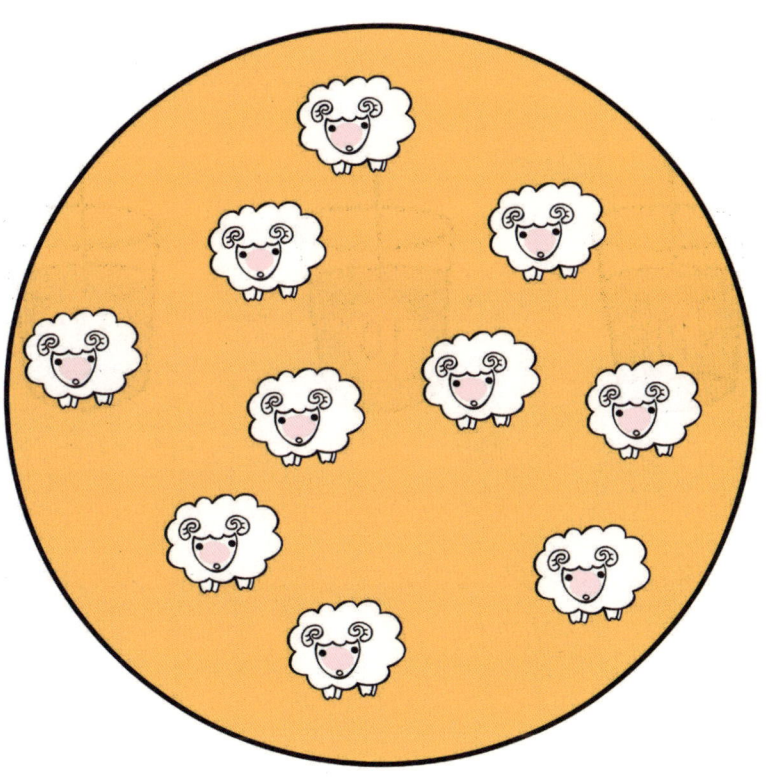

59 물속의 모양 찾기

물이 담긴 컵 속에 동전을 넣었습니다. 동전에 테이프로 실을 붙여서 물속에 넣고 옆에서 보았습니다. 다음 그림 중 동전은 어떤 모양으로 보일까요?

60 동물 세기

혜연이는 고양이와 닭을 기릅니다. 기르는 동물의 머리 수를 세어 보니 10개이고, 다리 수를 세어 보니 34개입니다. 고양이와 닭은 각각 몇 마리일까요?

시간

1. 시간의 단위

시간은 시, 분, 초로 이루어져 있습니다. 시계를 관찰해 볼까요?

얇고 긴 바늘이 초바늘입니다.
초바늘이 시계의 작은 눈금 한 칸을 지나는 시간을 1초라고 합니다.
초바늘이 시계를 한 바퀴 도는 시간은 60초입니다.
60초는 1분입니다.

긴 화살표가 분침입니다.
분침이 시계 작은 눈금 한 칸을 지나는 시간을 1분이라고 합니다.
분침이 시계를 한 바퀴를 도는 시간은 60분입니다.
60분은 1시간입니다.

짧은 화살표가 시침입니다.
시침이 시계의 큰 눈금 한 칸을 지나는 시간을 1시간이라고 합니다.
시침이 시계를 한 바퀴를 도는 시간은 12시간입니다.
24시간은 하루입니다.

● 시간을 그려 봅시다.

     9시 26분 15초   5시 45분 4초

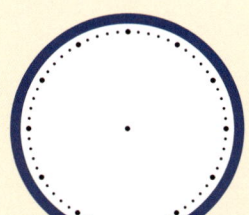 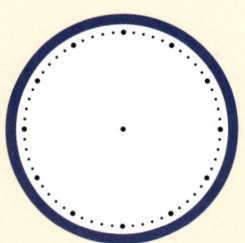

2. 시간 계산하기

● 주어진 시간을 분과 초로 나타내 봅시다.

  75초 = _____ 분 _____ 초

  4분 = _____ 초

시간을 계산할 때는 단위를 주의해야 합니다.
60초가 1분이고, 60분이 1시간이므로 60을 한 단위로 생각하고 계산합니다.

20분 + 40분 = 60분 = 1시간
1시 20분 + 2시 40분 = 3시 60분 = 4시
13시 15분 - 3시 45분 = 12시 75분 - 3시 45분 = 9시 30분

● 아래의 표를 보고 다음 질문에 답해 봅시다.

영화제목	날아라 캡틴	슈퍼 몽키 파이터	원더 랜드	명탐정 루루
시간	2시간 43분	1시간 50분	2시간 4분	1시간 27분

민지는 3시 20분부터 <날아라 캡틴>을 보았습니다. 영화가 끝난 시각을 구해 보세요.

___

탕민이는 <명탐정 루루>를 보았습니다. 영화가 끝난 시각이 7시 17분이라면 영화가 시작한 시각을 구해 보세요.

___

● 식빵을 만들어 보려고 합니다. 현재 시간과 조리법을 보고 다음 질문에 답해 봅시다.

지금 시간 : 3시 15분

식빵 만들기

❶ 반죽을 만들어 1차 발효를 합니다.
발효 시간 60분

❷ 발효된 반죽을 둥글게 모양을 잡고 2차 발효를 합니다.
발효 시간 40분

❸ 오븐에 넣고 빵을 굽습니다.
굽는 시간 30분

3시 15분에 1차 발효를 시작했습니다. 1차 발효가 끝나는 시각을 구해 보세요.
_____

4시 20분에 2차 발효를 시작했습니다. 2차 발효가 끝나는 시각을 구해 보세요.
_____

5시 10분에 오븐에 넣고 빵을 구웠습니다. 빵이 다 구워지는 시각을 구해 보세요.
_____

수학 퍼즐 정답

1

2

3

4 먹지 마시오

5

6

7

8 8 1 6 2 7

9

10

11

12

생각이 쑥쑥 자라는 수학 퍼즐 정답

13

16

14

17

15

18

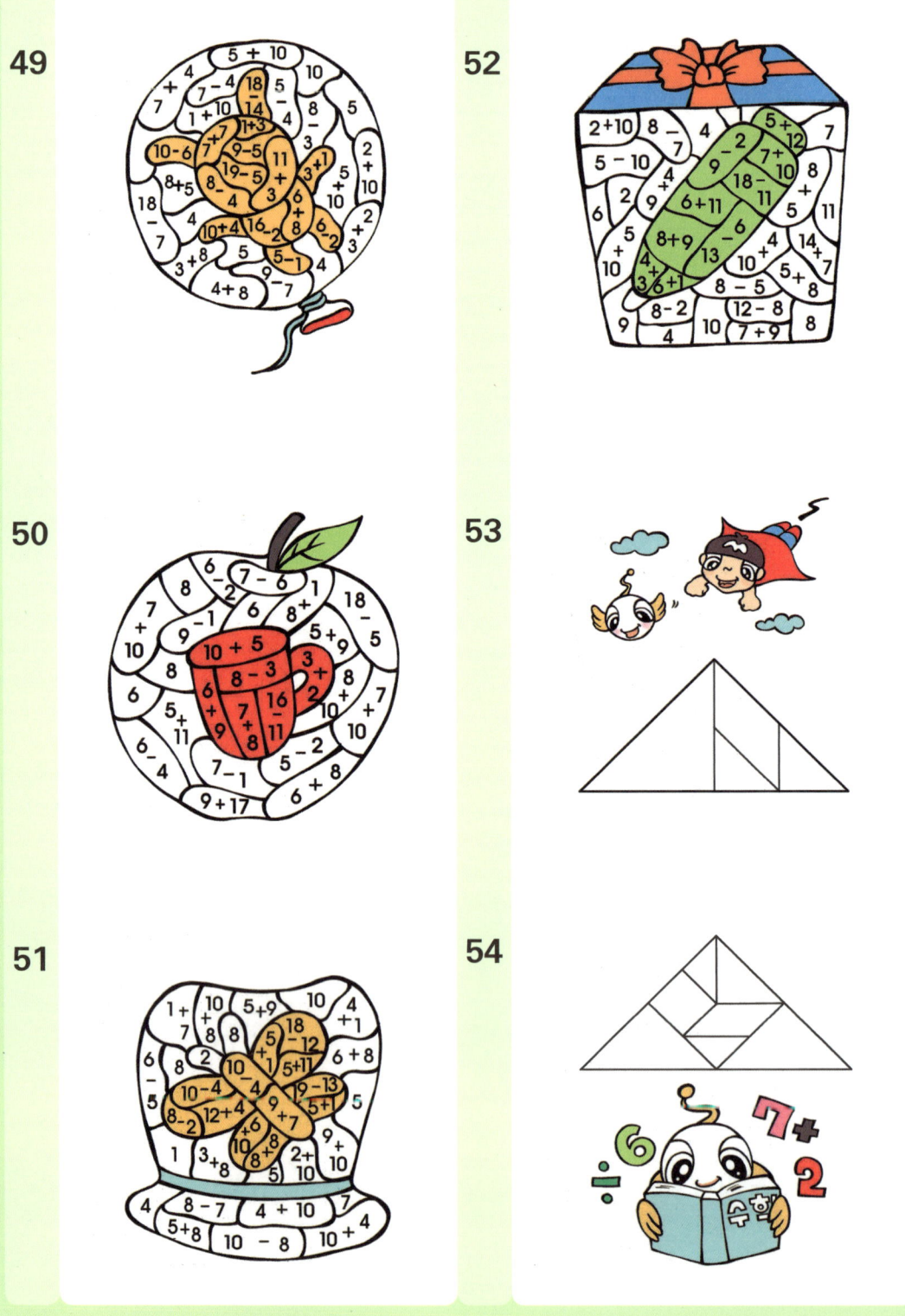

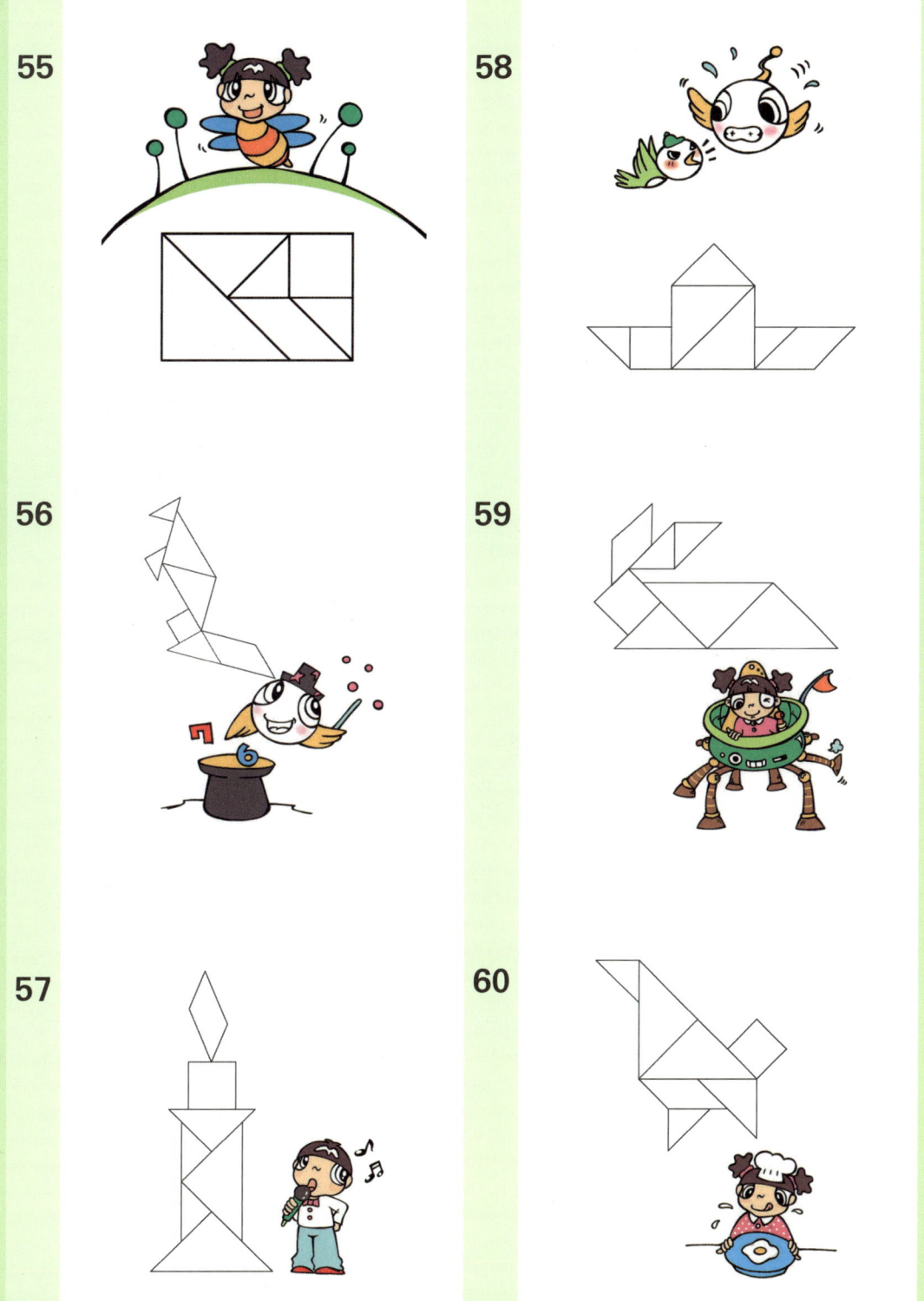

융합 사고력 퀴즈 정답

1 **Hint**
1. 의자에 3명씩 앉습니다.
2. 사람 머리를 3명씩 동그라미로 그려 봅시다.

3명

2 **Hint**
1. 종이를 오려 동그라미 6개를 만들어 봅시다.
2. 종이에 선을 그은 후 동그라미 모양을 올려 봅시다.

가운데 동그라미와 가장 위의 동그라미를 대각선 위에 놓습니다.

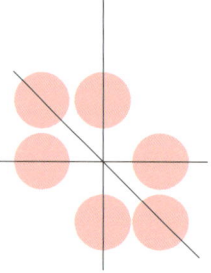

3 **Hint**
1. 먼저 방향을 정합니다.
2. 어떤 성냥개비 혹은 나무젓가락을 움직일지 생각하여 차례를 정합니다.
3. 간단한 모양을 정하여 먼저 연습을 해 봅시다.

①번부터 ⑦번까지 움직입니다.

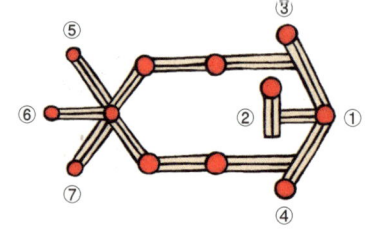

4 **Hint**
1. 의자가 거꾸로 서 있습니다.
2. 바로 세우려면 다리가 필요합니다.
3. 두 개만 움직여야 해요.
4. 30초 안에 움직입니다.

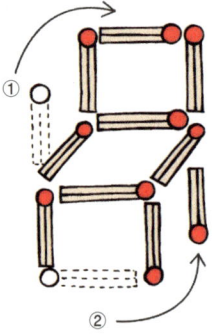

5 **Hint**
나뭇잎이 서로 마주 보고 나는 것을 찾아보세요.

④
'마주나기잎'은 '줄기의 마디에 두 개의 잎이 마주 보고 나는 잎'을 가리킵니다. 우리 주변의 '마주나기잎'으로는 대표적으로 아까시나무, 개나리, 쥐똥나무가 있습니다.

6 **Hint**
1. 땅의 크기가 같아야 합니다.
2. 30칸 속에 6그루의 사과나무가 들어가므로 1그루당 5칸씩 땅을 차지하게 됩니다.
3. 다섯 칸으로 여러 가지 모양을 만들어 맞추어 봅니다.

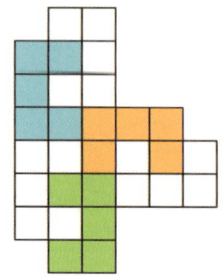

7 **Hint**

1. 물총은 대나무로 만들 수 있습니다.

 마디
20센티미터

 심지 피스톤
30센티미터

2. 45도 각도로 쏠 때 운동량이 제일 큽니다.

영수의 물총이 가장 멀리 날아갑니다.

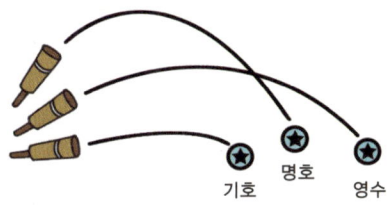
기호 명호 영수

8 **Hint**

1. 4+3=7을 4−3=8의 모양에서 생각합니다.
2. 성냥개비 1개만 옮겨야 합니다.
3. 반드시 로마 숫자로 나타내야 합니다.
4. 등식이 성립한다는 말은 왼쪽의 식을 계산하면 오른쪽의 답이 나온다는 뜻입니다.

Ⅳ + Ⅲ = Ⅶ이 되도록 만듭니다.

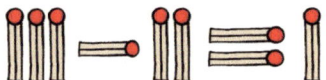

9 **Hint**

1. 성냥개비 1개만 옮겨야 합니다.
2. 더하기와 빼기 부호를 바꾸어서 생각해 봅니다.

3 − 2 = 1이 되도록 합니다.

10 **Hint**

1. 동전을 그림으로 그려 봅니다.
2. 동전 9개를 준비하여 실제로 확인해 봅니다.

한가운데에 동전 5개를 겹쳐 놓습니다.

11 **Hint**

(가)의 나무토막 수를 세어 볼까요?
층별로 나무토막 수를 세어 봅니다.

(가) 1층 9개, 2층 5개, 3층 1개를 더하면?
9+5+1=15(개)

(나) 1층 8개, 2층 3개, 3층 1개를 더하면?
8+3+1=12(개)

12 **Hint**

1. 풍선은 바람에 잘 날려 갑니다.
2. 탁구공도 가볍습니다.
3. 바람의 세기를 조절하여 풍선이 움직이는 모습을 살펴봅니다.
4. 빨대 속에도 바람을 일정하게 불어 넣습니다.
5. 풍선과 탁구공이 그 위치에 그대로 있는지 살펴보고, 그 위치에 그대로 있다면 왜 그런지 알아봅니다.

풍선이 오르락내리락 되풀이합니다.
탁구공이 오르락내리락 되풀이합니다.

13

Hint

1. 세 번만 잘라야 합니다.
2. 같은 모양, 같은 크기로 잘라야 합니다.
3. 위에서 아래로만 자른다는 생각에서 벗어나야 합니다.
4. 한 번 자르면 2개, 두 번 자르면 4개, 세 번 자르면 8개가 되도록 자르는 방법을 생각해 봅니다.

옆으로 한 번 잘라 두고 위에서 '+'자로 자르면 똑같은 크기, 똑같은 모양으로 8조각이 됩니다.

14

Hint

1. 그림을 보고 차례대로 식을 세워 봅니다.
   닭+닭=돼지
   돼지+돼지=젖소
   오리+닭=젖소
2. 젖소의 나이가 가장 많습니다.
3. 젖소의 나이는 네 살입니다.

닭: 한 살   돼지: 두 살
오리: 세 살   젖소: 네 살

15

Hint

1. 동전을 그림으로 그려 봅니다.
2. 동전 7개를 준비하여 실제로 확인해 봅니다.

한가운데에 동전 3개를 겹쳐 놓습니다.

16

Hint

오징어, 개미, 닭의 다리가 몇 개인지 알아봅니다.

오징어: 10개   개미: 6개   닭: 2개

17

Hint

1. 찻잔과 접시의 모양을 살펴봅니다.
2. 접시는 어떤 모양입니까?
3. 커피 잔의 손잡이는 어떤 모양입니까?
4. 독이 든 커피 잔이 놓인 접시의 테두리를 잘 살펴보세요.

④가 독이 든 커피 잔입니다.

18

Hint

1. 양동이가 원 모양으로 돌아가면 양동이 속의 물은 양동이의 바닥으로 들어가려는 성질을 가집니다.
2. 양동이 바닥으로 들어가려는 성질 덕분에 물은 양동이 밖으로 쏟아지지 않습니다.

물은 쏟아지지 않습니다.
직접 실험해 보세요.

19

Hint
1. ㈏를 거치지 않고 ㈎에서 ㈐로 가는 방법은 4가지입니다.
2. ㈎에서 ㈏를 거쳐서 ㈐로 가는 방법은 2×3=6가지입니다.
3.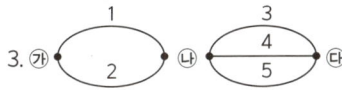
4. ㈎-㈏-㈐
   1-3, 1-4, 1-5, 2-3, 2-4, 2-5 ⇒ 6가지

10가지

㈎ → ㈐ : 4가지
㈎ → ㈏ → ㈐ : 6가지
4+6=10(가지)

20

Hint
1. 삼각형의 크기가 같아야 합니다.
2. 삼각형이 모두 10개가 되어야 합니다.
3. 사각형에 대각선을 그어 삼각형 2개를 만들 수 있습니다.
4. 성냥개비 4개만 사용해야 합니다.

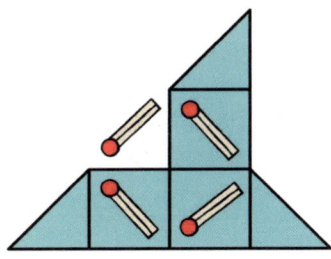

21

Hint
1. 똑같은 삼각형이란 말이 있는지 생각합니다.
2. 크고 작은 삼각형입니다.
3. 큰 삼각형 속에 작은 삼각형이 포함될 수 있습니다.
4. 삼각형 1개, 삼각형 2개, 삼각형 3개……. 이와 같은 순서로 세어 봅니다.

(가) 13개 (나) 17개

22

Hint
1. 똑같은 크기의 삼각형이어야 합니다.
2. 그림을 그려서 연습해 보세요.

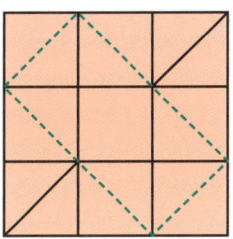

23

Hint
1. 1부터 9까지의 수를 사용한다는 조건을 생각합니다.
2. 세 수의 합이 반드시 15가 되어야 합니다.
   ○ + ○ + ○ =15

먼저 가로, 세로에 맞는 수를 생각하지 않고 차례로 써넣은 다음에 바꾸어 넣습니다.

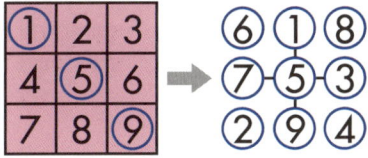

24

Hint
1. 세모의 개수를 세어 봅니다.
2. ① 1개 ② 4개 ③ 9개
3. ②는 ①보다 3개, ③은 ②보다 5개가 더 많습니다.
4. 그러면 ④는 ③보다 7개가 더 많아야 합니다.

16개

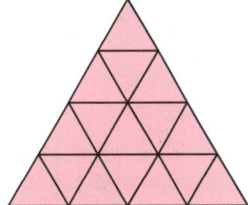

25
Hint
1. 철수가 가진 구슬 수를 모르는 수(어떤 수)로 놓고 식을 세웁니다.
2. 세 사람이 가진 구슬 수를 모두 더하면 36개 입니다.

19개

26
Hint
1. 시계는 60분이 한 시간입니다. 바빌로니아 숫자도 시계와 같이 60이 넘어야 한 자리가 올라가는 60진법을 사용했습니다.
2. 25를 바빌로니아 숫자로 나타내면 그림과 같습니다.

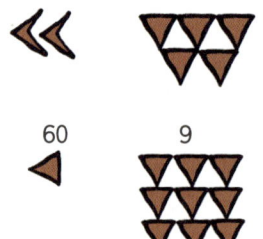

27
Hint
1. 길을 삼각형의 변이라고 생각합니다.
2. 한 변에 반드시 2장의 카드를 놓아야 합니다.
3. 놓은 카드는 2장이지만 수를 합하는 카드는 모두 4장입니다.

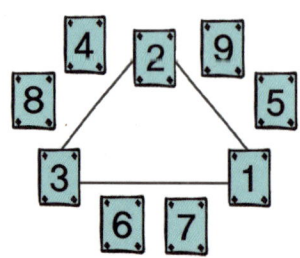

28
Hint
1. 점의 모양을 만들어 그려 보세요.
2. 글자를 써서 모양을 만들어 보세요.
3. 점이나 글자 위에 숫자를 써넣어 보세요.

(가) 15개 (나) 9개

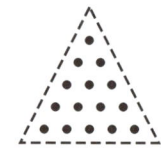

29
Hint
1. 1개의 고리를 풀면 2개의 고리가 떨어집니다.
2. 직선으로 놓인 고리에서 생각해 봅니다.
3. 1개씩 건너뛰어 풀면 전체를 풀 수 있습니다.

5개
1개씩 건너뛰어 고리를 풀면 됩니다.

30
Hint
1. 규칙을 찾아서 해결합니다.
2. 빈 곳에 들어갈 □의 수를 세어 차례로 써 봅니다.

25개
1+3+5+7+5+3+1=25(개)

31
Hint
1. ☆-☆=0이 됩니다.
2. ☆○-○=☆이 되려면, ☆은 1이 되어야 합니다.

☆=1, ○=0, ◯=9

32 **Hint**
1. 두 조각으로 잘라야 합니다.
2. 양쪽 숫자의 합이 똑같아야 합니다.
3. 두 조각의 모양이 달라도 상관없습니다.
4. 모든 칸의 숫자를 전부 더해 본 후 잘 생각하여 자릅니다.

33 **Hint**
답이 같은 식을 찾아가면 미로를 빠져나올 수 있습니다.

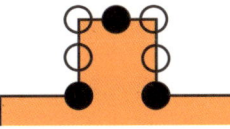

34 **Hint**
1. 네 곳에 배나무가 7그루씩 들어갑니다.

2. 네 곳이 겹치는 부분을 생각합니다.

24그루

네 곳에 배나무가 7그루씩 들어가므로 (7×4)-4=24(그루)입니다.

35 **Hint**
1. 시계의 숫자판은 1부터 12까지 있습니다.
2. 2개 이상의 숫자를 합해야 합니다.
3. 시계를 둘로 잘라서 각 숫자의 합이 같아지도록 합니다.

시계의 숫자판을 두 조각으로 자릅니다.

36 **Hint**
1. 화살이 맞은 부분의 점수로 나타냅니다.
2. ○+○+○+○+○+○=26점이 되어야 합니다.
3. 되도록 많은 경우의 수를 찾아냅니다.

끝자리가 6이 나오는 수는 3+3입니다.

3+3+5+5+5+5=26(점)
7+7+3+3+3+3=26(점)

37 **Hint**
1. 정삼각형을 그려야 합니다.
2. 1개를 그리는 방법을 생각합니다.
3. 삼각형 속의 삼각형을 생각합니다.

바깥쪽에 큰 삼각형 1개를 그려 넣으면 작은 삼각형 9개가 됩니다.

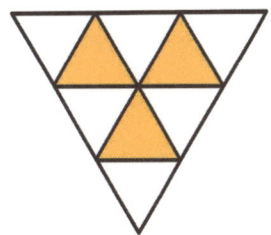

38

Hint

1. 큰 삼각형 속에 6개의 작은 삼각형을 만들 수 있습니다.

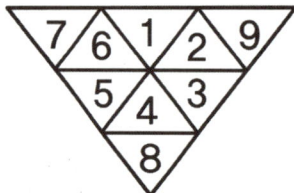

2. 나머지 3개를 더 만들어야 하는데, 그릴 수 있는 삼각형은 1개뿐 입니다.

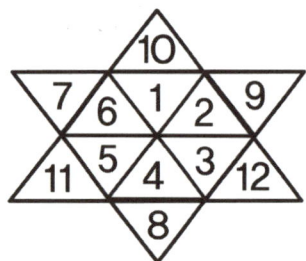

40

Hint

답이 같은 식을 찾아가면 미로를 빠져나갈 수 있습니다

39

Hint

1. 모눈종이를 색종이로 생각합니다.
2. 모눈종이를 가위로 잘라 봅니다.
3. 자르기 전에 반드시 그려 봅니다.
4. 자른 것을 맞추어서 이등변이 되는지 확인합니다.

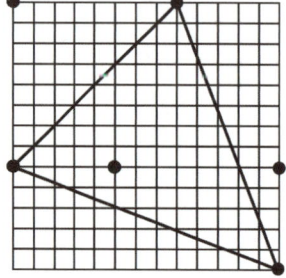

41

Hint

1. 사각형의 모양은 직사각형입니다.
2. 2개 이상이 합쳐져서 1개의 사각형이 되어도 좋습니다.
3. ▢ 모양 (　)개, ▭ 모양 (　)개와 같이 차례차례 세어 봅니다.
4. 모든 사각형의 수를 세어서 합을 구합니다.

(가) 1개짜리: 5개, 2개짜리: 5개,
3개짜리: 1개, 4개짜리: 1개
합: 12개

(나) 1개짜리: 9개, 2개짜리: 11개,
3개짜리: 5개, 4개짜리: 4개,
6개짜리: 2개
합: 31개

42

Hint
1. 정사각형, 직사각형 모두 포함됩니다.
2. 직사각형의 넓이는 가로의 길이×세로의 길이입니다.

120×120=14400제곱센티미터

넓이가 가장 큰 사각형은 가로 길이 120센티미터, 세로 길이 120센티미터인 정사각형입니다.

43

Hint
1. 처음 시작하는 점이 있습니다.
2. 오각형 1개에 4개의 점이 더 생깁니다.
3. 1+4+4+4+……=□과 같이 규칙을 찾아 풉니다.
4. 모든 점의 개수를 구할 때는 다음과 같이 합친 수를 다시 합하여 구합니다.
   5+9+13+17……

여덟 번째 그림의 점의 개수: 33개
모든 점의 개수: 152개

44

Hint
답이 같은 식을 찾아가면 미로를 빠져나올 수 있습니다.

45

Hint
1. 정육면체 상자는 면이 6개입니다.
2. 전개도를 접어서 상자를 만듭니다.
3. 상자의 여섯 개 면에 점을 찍어서 주사위를 만듭니다.
4. 서로 마주 보는 면의 '점의 수의 합'이 7이 되도록 합니다.

③

46

Hint
1. 성냥개비 한 개만 움직여서 숫자나 기호를 바꿉니다.
2. 4는 움직이지 않습니다.

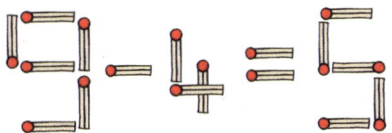

47

Hint
1. 나무토막을 층별로 셉니다.
2. 보이지 않는 나무토막도 셉니다.

(가) 30개
   1층 16개, 2층 9개,
   3층 4개, 4층 1개
   합: 16+9+4+1=30(개)

(나) 31개
   1층 12개, 2층 8개,
   3층 8개, 4층 3개
   합: 12+8+8+3=31(개)

머리가 좋아지는 융합 사고력 퀴즈 정답 | **173**

48 **Hint**
1. 4개의 모양이 똑같아야 합니다.
2. 자르는 모양이 정사각형이 아니어도 좋습니다.
3. 땅 가르기처럼 연필로 그려 봅니다.

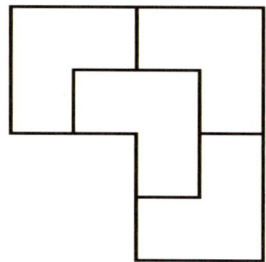

49 **Hint**
1. 첫째 측정에서 사과 1개의 무게는 추 1개의 무게와 같습니다.
2. 둘째 측정에서 사과 ㉠와 사과 ㉢의 무게는 같습니다.

사과 ㉠가 사과 ㉡보다 더 무겁습니다.

50 **Hint**
1. 큰 구슬과 작은 구슬은 무게가 다릅니다.
2. 작은 구슬의 무게로부터 큰 구슬의 무게를 알아냅니다.
3. 수평을 이룰 때의 무게는 같으므로 큰 구슬과 작은 구슬을 같은 수만큼 빼고 생각해 봅니다.

24그램

큰 구슬 2개는 작은 구슬 8개와 무게가 같습니다. 그러므로 큰 구슬의 무게는 6×4=24(그램)입니다.

51 **Hint**
1. 긴 막대기를 한 변으로(변의 수 4개) 하는 정사각형 3개를 만들기에는 모자랍니다. 짧은 막대기를 한 변으로 하면 모두 12개의 변의 길이가 됩니다.
2. 남지도 모자라지도 않게 해야 합니다.
3. 보통 사각형 3개를 잇달아 그리면 변은 10개이고 따로 그리면 변이 12개가 됩니다. 여기서는 사각형이 붙지 않고 따로따로 있어야 합니다.

긴 막대기를 겹쳐서 놓으면 정사각형 3개가 만들어집니다.

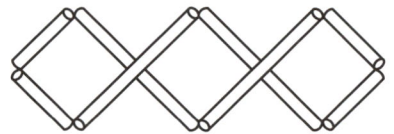

52 ②번이 보람이의 야구 방망이입니다.

53

Hint
각기 다른 동물이 한 마리씩만 들어가야 합니다.

55

Hint
색연필로 낚싯줄을 따라 그려 봅니다.

 (가)

 (나)

 (다)

56

Hint
삼각형을 찾아 색칠해 가며 알아봅니다.

54

Hint
1. 거울은 빛을 받아서 물체를 비춥니다.
2. 물체가 거울에 비칠 때는 왼쪽과 오른쪽이 바뀌어 보입니다.
3. 거울 앞에 물건을 놓으면 거울에 가까운 것은 거울의 아래쪽에 비치고, 거울에서 먼 것은 위쪽에 비칩니다.

57

Hint
1. ○ 안의 수가 점점 커집니다.
2. ○ 세 개의 도형이 이루는 숫자를 찾습니다.
　　③
　① ②
3. ①+②=③이 되는 규칙을 생각합니다.

⑧ ⑫

③ → 1+2=3…
① ②

　　　　　⑳
　　　⑧ ⑫
　　③ ⑤ ⑦
　① ② ③ ④

175

58

Hint
1. 양이 10마리 있습니다.
2. 똑같은 크기나 모양으로 나누는 것이 아닙니다.
3. 각 우리에 1마리씩 가두어야 합니다.

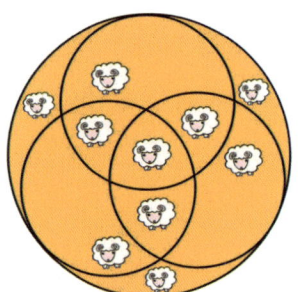

60

Hint
1. 머리가 10개이므로 고양이와 닭을 합해서 모두 10마리입니다.
2. 고양이의 다리는 4개이고 닭의 다리는 2개입니다.

고양이: 7마리
닭: 3마리

머리: 7+3=10(개)
다리: 7×4=28   3×2=6
      28+6=34(개)

59

Hint
1. 빛은 공기 중에서 똑바로 진행합니다.
2. 빛이 공기 중에서 물속으로 들어갈 때나 물속에서 공기 중으로 나올 때는 꺾입니다.
3. 물컵에 젓가락을 넣어 살펴보면 아래 그림과 같습니다.

4. 물컵에 손가락을 넣어 실험해 보세요.

③

교과서 따라잡기 정답

가르기와 모으기
3. 10의 보수
정답 8, 4, 6, 7, 3, 1, 9, 10, 5, 2

다섯 자리 수
2. 10000 알아보기
정답 100, 1000, 10000
    1000, 100, 10, 1

3. 다섯 자리 수 알아보기
정답 (예시) 쓰기 : 27041, 읽기 : 이만 칠천사십일

곱셈과 나눗셈
2. 나눗셈 식
정답 8÷4=2, 2
(예시) 문제 : 사탕 4개를 2명이 나누어 먹는다면 한 명이 몇 개의 사탕을 먹을 수 있을까요?
    나눗셈 식 : 4÷2=2, 답 : 2개

3. 곱셈과 나눗셈의 관계
정답 (예시) 21, 7, 3 / 7, 3, 21
    (예시) 16, 2, 8 / 2, 8, 16

소수

정답 0.1

0.5, 0.6, $\dfrac{31}{100}$, $\dfrac{39472}{100000}$

영 점 오육삼구, 이백오십사 점 칠팔구

0, 3, 9, 3

| 105.1 | 10.32 | 9.999 | 3.251 |

시간

1. 시간의 단위

정답

2. 시간 계산하기

정답 1, 15, 240

6시 3분, 5시 50분

4시 15분, 5시, 5시 40분

공부머리 좋아지는 수학 퍼즐 1
ⓒ 임용식, 2021

초판 1쇄 발행   2004년 5월 25일
개정판 1쇄 발행   2012년 5월 17일
개정 2판 1쇄 인쇄 2021년 1월 25일
개정 2판 1쇄 발행 2021년 2월 3일

지은이   임용식
펴낸이   강병철
주간   배주영
기획편집   이현지 권도민 박진희 손창민
디자인   서은영 김혜원
마케팅   이재욱 최금순 오세미 김하은 김경록 천옥현
제작   홍동근

펴낸곳   이지북
출판등록   1997년 11월 15일 제105-09-06199호
주소   (04047) 서울시 마포구 양화로6길 49
전화   편집부 (02)333-2347, 경영지원부 (02)325-6047
팩스   편집부 (02)324-2348, 경영지원부 (02)2648-1311
이메일   ezbook@jamobook.com

ISBN 978-89-5707-885-3 (74410)
     978-89-5707-884-6 (set)

잘못된 책은 교환해드립니다.

"콘텐츠로 만나는 새로운 세상, 콘텐츠를 만나는 새로운 방법, 책에 대한 새로운 생각"
이지북 출판사는 세상 모든 것에 대한 여러분의 소중한 콘텐츠를 기다립니다.
ezbook@jamobook.com

부록 1
칠교 퍼즐

선을 따라 자르면 칠교 조각이 만들어집니다. 조각의 크기는 문제와 다를 수 있습니다.